U0855579

基于现代汉字结构系统的对外汉字教学研究

行玉华　著

南開大學出版社
天　津

图书在版编目(CIP)数据

基于现代汉字结构系统的对外汉字教学研究 / 行玉华著. —天津 : 南开大学出版社, 2018.11
ISBN 978-7-310-05685-9

Ⅰ. ①基… Ⅱ. ①行… Ⅲ. ①汉字—对外汉语教学—教学研究 Ⅳ. ①H195.3

中国版本图书馆 CIP 数据核字(2018)第 243261 号

版权所有　侵权必究

南开大学出版社出版发行
出版人:刘运峰
地址:天津市南开区卫津路 94 号　　邮政编码:300071
营销部电话:(022)23508339　23500755
营销部传真:(022)23508542　　邮购部电话:(022)23502200
*
北京建宏印刷有限公司印刷
全国各地新华书店经销
*
2018 年 11 月第 1 版　　2018 年 11 月第 1 次印刷
155×230 毫米　16 开本　14.5 印张　2 插页　206 千字
定价:45.00 元

如遇图书印装质量问题,请与本社营销部联系调换,电话:(022)23507125

前　言

汉语是一种重意义的语言，很多西方语言用词法和句法表达的范畴，汉语常常都蕴含在词义里。理解汉语词义要依赖两个重要的要素，一是语境，一是汉字。汉字与汉语关系密切，首先，汉字为记录汉语而生，汉字符号的读音和意义都来自语言单位，汉语借助汉字的表意性，用字理关联词义①；其次，汉字和汉语在发展演变过程中经历了同样类型的变化——汉字的形声化和汉语词汇的复音化（主要是双音化）②，这两种变化都促使了符号与语义关系更加明确、清晰；再次，汉字使用大量的音符和义符完成对语言单位中音节的记录，汉字又通过各种组合构成双音词和多音词，汉字—音节—汉语之间存在着一一对应的关系。

汉字与汉语的密切关系，决定了汉字教学的定位以及汉字教学与汉语教学的相互关系。从 20 世纪 50 年代初期，汉字开始成为第二语言教学的内容，截至目前关于汉字作为第二语言教学的研究依旧是对外汉语学界，尤其是海外汉语学界十分关注的重要问题之一。对外国学习者而言，汉字既是记录母语文字之外的第二种文字，也是这种文字所记录的词或语素，他们未知的不仅是汉字，也是汉字所记录的汉语语素的音和义③。对外汉字教学的终极目标应该是让学习者明白怎样去了解一个跟他们的母语文字有着不同特点的文字体系，并借助它更深入地理解这种文字所记录的语言——汉语。所以，对外汉字教学既不同于国内针对母语者开展的“识字教学”，也不仅仅等同于“汉字作为第二文字教学”，而是“汉字作为第二语言

---

① 王宁. 汉字构形学导论[M]. 北京：商务印书馆，2015. 4-5

② 万业馨. 应用汉字学概要[M]. 北京：商务印书馆，2015. 152-175.

③ 施正宇. 60 年对外汉字教学研究之研究（上）[J]. 云南：云南师范大学学报，2015.1.

教学”。根据汉字的性质和特点建立科学的汉字教学系统，按照汉字的特点和规律进行汉字教学，实现汉语学习和汉字学习相互促进的良好局面，如此，汉字不但不是汉语学习的障碍，反而会成为汉语学习的有利因素。

从汉字特点来看，汉字的构形是一个系统，以字讲字是汉字教学的传统，也是学习汉字最好的办法，但汉字众多，先学哪个字，后学哪个字，以哪个字带出哪些字，组成哪些词，都需要科学安排，因为这是计算汉字教学成本的关键，也是减少学习难度的关键。为此，本书从理论和实践两个方面就现代汉字结构面貌和对外汉字教学设计进行研究。

首先，以汉字构形理论和兼顾理论为指导，在遵循现代汉字结构系统规律的基础上兼顾教学规律、认知规律等因素，采取定量分析、系统分析的方法，对 3602 个现代常用汉字进行拆分，根据拆分结果离析归纳出现代常用汉字中的基础部件，以基础部件为首形成现代常用汉字部件成字的谱系图，并统计每个基本部件的构字功能及能力，对现代汉字的表义、表音系统做出描写。谱系表的完整绘制，有利于清晰地看到每个汉字在汉字结构系统中所处的位置，内部结构表现以及与周边汉字的关系。

其次，在描写之后，提出“基础字”概念及选取原则，在对基础字的结构功能、字形以及与词的关系描写的基础上，将汉字教学分为三个阶段，并阐述阶段划分的依据，明确不同阶段的定位和目标，详细列出每个阶段所包括的基础字和扩展字。阶段划分后，提出教材设计的总体原则，从基础字（即以主要的“义符”和“声符”为“纲”）出发，把各自组成的扩展字分别归类，力求“纲举目张”；同时再以“字”为纲（主要以基础字为例），根据字在词里的位置把由它组成的词语分别串联起来，起到“提纲挈领”的作用。需要补充的一点是，本书中的“基础字”与以往研究提出的“基本字／基础字”略有不同，它除了包括少数高频常用基本汉字以外，更多是包括现代汉字结构系统的基础汉字。研究将理论、汉字大纲、教学紧密结合，根据“系统、高效、关联、实用”的选取原则，以 625

个主要义符和 124 组主要声符为对象，统计主要义符的等级、表义度、构字数以及主要声符的等级、表音度、构字数，最终选取确定基础字 694 个，并对每个基础字的结构功能、字形以及与词的关系进行了描写分析。

最后，提供教学阶段内容的详细安排和教材的编写设计。综合本体分析结果、汉字等级以及组词能力等要素，对基础字进行分组和前后顺序的归并，并对每个扩展字划分所属层级、所处阶段范围。据此将汉字教学分为三个阶段，明确各阶段的教学目标、教学内容，详细列出每个阶段所包括的基础字和扩展字，落实每一个汉字在教学中应处的范围位置。其研究结果可直接服务应用于汉字教学、汉字教材的编写以及其他汉语教材中汉字的选择和讲解。同时，本研究运用兼顾理论，妥善处理对外汉字教学中听说与读写、字与词等问题，设计了一套从初期汉字教学与口语学习同步教学到中高期听说教学向读写教学过渡的上、中、下三册教材。该套教材既有别于汉字单纯作为汉语附属或配合使用的教材，也有别于专门的汉字知识教材。

书中汉字教学三阶段的定位为：第一阶段，汉字教学与汉语技能（口语）教学结合、同步，以汉字的义类为系统，注意初级词语的使用和简单句式的输入，让学生在有语音语义基础铺垫的情况下，整体认知汉字，应用汉字；第二阶段，听说教学向读写教学过渡，以词汇为系统，培养学生在词汇中识字，在集中识字中形成快速区别汉字的能力，形成运用义、音线索去识别理解记忆汉字的习惯；第三阶段，从词汇识字转向阅读学习，引导自学应用为主，提高汉字、词汇难度及数量，巩固应用汉字结构规律快速认读汉字的能力，提高阅读速度和写作应用水平。

本书期待可以实现以下几个方面的实践价值：

1. 推动汉字教学科学理念的具体实施

科学的汉字讲解，就是要在不违背汉字构形规律和演变规律的前提下，对构意直接、明确的字加以准确讲解；或对需要经过推源才易于讲解的汉字，推源后再来讲解。在讲解个体汉字时，要把它放到汉字构形系统中去，找到它应有的位置再来讲解，以免讲错了一个，乱了一片。基于结构系统的对外汉字教学研究强调教学内容的客观性、系统性、阶段性，主张由基础字的系统讲解出发，通过笔画、部件、字不同层面的描写，以及构字、组词过程的层级关系描写，将基础字与扩展字、字与词的关系进行梳理，实现系统下的动态科学的难易度安排。

2. 实现汉字教学与汉语教学的相互促进

汉字作为语言单位的代表符号，承载着约定的语言单位的音义，对认识和了解汉语基本单位有着不可忽视的能动作用。本研究从形、音、义系统入手，把握符号体系的主要特点，并考虑汉字代表的语素与语词在音义上的联系，而这些内容又是正确、全面地认识“语”和“文”的关系、推动汉语教学和汉字教学的相互促进的关键。

3. 为汉字教材的编写提供依据和参考

导致对外汉字教学产生诸多问题的原因之一是针对教学的参考教材比较缺乏，例如在字形讲解时，教师需要具备对汉字演变规律的认识，对汉字所在系统内的位置的了解。本研究中的基础字、扩展字的确定，以及教学阶段的划分、阶段内的分组分析，都为汉字教材编写中遇到的选字内容及练习形式等问题提供了参考材料。

4. 有助于以汉字本体系统为立足点的汉字等级大纲的制定

《汉字大纲》的制定问题是对外汉语汉字教学的“源头工程”，在对外汉字教学研究中应该是“第一位”的。现有汉字大纲的等级划分依据多是来源于汉字所对应的词的使用频度。如《六级常用汉字表》中形旁或声旁的独体字“夕”“兑”，结构简单的合体字“呆”“吐”“姑”都被列为六级字，但这部分字如果放在汉字结构系统中应该位于基础阶段，属于比较重要的内容等，类似的情况有很多。由此，对现代汉字结构系统的、全面的描述，直接有利于制定和形成专门体现汉字本体特点的汉字大纲。

5. 为新技能“打字”提供直接帮助

目前，90%以上的来华汉语学习者在电脑上利用拼音输入法练习或使用汉字。本研究的内容可以有效地解决在“打字”过程中遇到的对同形字、同音字的分辨问题，突出学生对区别特征的关注，从而提高对目标字识别、提取的速度。

作 者

2018 年 10 月

目　录

绪　论

从20世纪50年代初期，汉字开始成为第二语言教学的内容，截至目前关于对外汉字教学的各种研究讨论从未间断。从20世纪50—80年代的课堂教学法摸索和理论探讨中涉及汉字的初创期，到90年代《字词大纲》出现、汉字会议召开、学者百家争鸣、学术论文层出的对外汉字教学发展期，再到2000年以来的汉字汉语国际会议相继召开、相关论文数量突涨、研究内容和研究方式丰富的多元化时期[①]，汉字作为第二语言教学的研究始终是对外汉语学界，尤其是海外汉语学界关注的重要问题之一。近两年王宁先生先后提道："正确的汉字教育是汉字学的尖端问题，不是一个小儿科问题……围绕汉字自身系统展开的科学汉字教学理念的形成和落实是一个亟待研究的课题。"[②]

汉语是一种重意义的语言，很多西方语言用词法和句法表达的范畴，汉语常常都蕴含在词义里。理解汉语词义要依赖两个重要的要素，一是语境，一是汉字，汉语借助汉字的表意性，用字理关联词义[③]。汉字作为一种信息载体，一种被社会创建又被社会共同使用的符号，在某一共时历史层面上，符号内部各字符之间互相关联，规律组合，呈现出有序性的符号系统。汉字结构体系的系统性隐含于众多汉字个体之中，汉字是形、音、义的结合，汉字结构体系的系统性自然也主要体现在形、音、义三个方面，

---

① 施正宇. 60年对外汉字教学研究之研究（上）[J]. 云南师范大学学报，2015.1.

② 王宁在北京师范大学举办的"跨文化方法论研究首期讲座"中做的题为《关于汉字的性质及研究方法的几个问题》的报告。

③ 王宁. 汉字构形学导论[M]. 北京：商务印书馆，2015：4-5

体现在有序的汉字结构层次中。因此，可以说汉字体系的创造和完善是个系统工程，汉字教学的任务是科学有序地将这一系统进行梳理、整合，从而实现有效的展现和讲解。对外汉字教学的直接目的是培养外国学习者认知汉字的能力，最终目标是培养学生汉语书面语言的运用能力。

在怎样看待汉字教学在对外汉语教学中的地位问题上，国内外曾经存在两种完全不同的观点。一种认为汉语以“字”为基本结构单位，代表人物有徐通锵、吕必松、白乐桑。吕必松 2008 年编写了《书面汉语基础》(首都师范大学出版社)，展示了从汉字入手的组合汉语教学的特点。白乐桑和张朋朋合编的典型“字本位”教材《汉语语言文字启蒙》，在欧洲影响很大。白乐桑曾提出：“无论在语言学和教学理论方面，还是在教材的编写原则和课程设置方面，不承认中国文字的特殊性以及不正确处理中国文字和语言所特有的关系，正是汉语教学危机的根源。”[①]时隔 20 年，在 2017 年 11 月召开的第三届汉字汉语国际研讨会上，白乐桑发表了题为“汉语二语教学论中本体论的问题”的主题演讲，从“学习者”的角度出发，依旧强调汉语教学的“字本位”，同时还提出学科教学论的本性，即要重视“转化”。另一种认为文字只是记录语言的符号，对于那些短期速成或者只想完成听说交际的学习者可以不教汉字，甚至宣扬“拼音中文”或“电脑中文”，主张以拼音或者电脑打字代替汉字书写。如美国的部分培训学院或大学，使用拼音教材或采取有语无文的教学。

实际上，关于“语”“文”关系问题，从 1953 年周祖谟[②]认为的“以词汇教学和语法教学为中心，先语后文”，到 1986 年李培元、任远[③]指出的“语文并进切合汉语作为第二语言教学的特点”，再到

① 白乐桑. 汉语教材中文、语领土之争：是合并，还是自主，抑或分离？[A]. 第五届国际汉语教学讨论会论文选[C]. 北京：北京大学出版社，1997：567.

② 周祖谟. 教非汉族学生学习汉语的一些问题[J]. 中国语文，1953（7）.

③ 李培元，任远. 汉字教学简述——对外汉语教学发展史之一章[A]. 第一届国际汉语教学讨论会论文选[C]. 北京：北京语言学院出版社，1986：307-314.

90 年代白乐桑[①]提出的“语文剥离、语文分进”教学理念，以及崔永华“赞同语文分开，但前提是先语后文”，之后佟乐泉又提出了“以文带语”的观点。这些观点究其实质，正如施正宇所言：“‘语’‘文’一体是汉语书面语的基本特征，……以‘文’带‘语’、‘文’‘语’相长应该是汉语作为第二语言教学的基本理念，先‘语’后‘文’则是教学过程中具体步骤与方法，二者应该是相辅相成。”

明确了汉字与汉语的密切关系以及“文”与“语”的相辅相成，就进一步明确了对外汉字教学的地位。目前，对外汉字教学的模式主要有两种，一种是汉字独立设课，专门讲授简单的汉字知识；另一种是在综合课上随文识字，汉字教学依附于汉语教学。这两种模式看似不同，但实际上都没能给汉字教学以独立发挥作用的地位，独立将文语分割，依附也是文语分割，它们或是无法让学习者在认知应用中形成认知汉字系统的结构规律的能力，或是不能体现字在汉语语法结构中的地位。再从现行的研究来看，学界围绕汉字结构系统展开的研究不在少数，但是一旦涉及教学设计和安排，考虑牵扯到的因素必然很多，例如汉字构形系统是形义的结合，汉语的词汇系统是音义的结合，所以，词汇按音或按义的聚合所显示出来的系统与汉字的聚合所显示的系统差距很大，是不同一的，这就意味着在教学理念设计及教学方法安排上存在一个字与词的关系问题。再有，学习者对任何一种符号的把握都要在达到整体系统认知后才能自如运用，但首先接触到的又是分散的个体字符，个体字符又要依赖于整体系统。如何在短期或一个限定的时间内，有效地认识个体字符，并在不断的梳理中达到系统化，这就涉及汉字整体系统与单个汉字的关系、位置问题。再有，学习者对汉字的认读和书写，一个是从整体到部分，另一个是从部分到整体，两种不同方向的掌握表现途径如何达到协调，另外如何在教学中实施分区对待，也是汉字教学要解决的主要问题。还有“难易度”的理解问题，所谓的

① 白乐桑. 汉语教材中文、语领土之争：是合并，还是自主，抑或分离？[A]. 第五届国际汉语教学讨论会论文选[C]. 北京：北京大学出版社，1997：567.

“易”是否应该是一个逐渐变易的过程，即位于前期的教学内容要对后期内容的学习、掌握具有有效的引导和联系作用等。全面考虑固然值得提倡，但根据汉字自身系统及实际教学效果来看，教学设计在一个核心内容之下可以有所侧重，对最关键的部分进行选取、分析和梳理，有利于对突出的各种矛盾和关系进行科学的安排和验证。所以，上述这些问题和矛盾的科学安排和验证，无疑落在了现代汉字结构系统的运用及汉字习得阶段的划分实践上，如何将“系统”分步骤的“教”与“个体”系统的“学”进行衔接，如何将“学”的设计渗透于“教”的设计，是汉字教学设计的关键内容所在，也是我们确定的研究内容所在。且前人关于汉字教学的研究虽然广泛但也比较分散，有关应用研究的成就不明显，以汉字结构系统为基础进行详细描述，进行阶段、层级划分的系统性教学设计研究还未曾见到。

鉴于上述思考，我们认为汉字是汉语书面语学习的基础，是掌握汉语中语素构词模式的关键，以现代汉字结构分析为基础，结合语言教学规律、学习者习得规律以及汉字教学在汉语教学中的能动作用等因素，设计一套既科学兼顾汉字结构系统，又使汉字教学系统科学完善、适用实用的教学体系和安排，是有效开展对外汉字教学的重中之重。

第一节　研究的内容及理论基础

本书以 3602 个现代常用汉字为研究对象，首先对其逐一进行字形拆分和位置描述，整理出现代常用汉字谱系图，然后确定图中包含的基础部件数量，以及在其基础上确定教学使用的基础字数量。书中对于各类字表以及汉字的字频常用度等，是利用文本比较软件进行文本交集的比对，利用字频软件与词频软件进行查频验证，参考最新字表统计结果等。对于各类部件的分布情况，利用统计软件进行数据统计。另外对影响汉字认知的因素，如笔画效应、部件效应、汉字阶段划分等的处理，采取两种数据借鉴途径，一是借鉴已有的科学研究成果，二是参考之前做过的相关调查数据及多年的一线教学经验。本书遵循的研究原则是注重汉字理据的同时，重视运用系统分析法对相关汉字进行分类、分组和教学安排（具体内容在后面章节详述）；运用的理论及相关研究内容主要有以下两个方面。

其一，是构形理论。自 1995 年王宁先生[①]提出“汉字构形理论”之后，该理论引起了学术界的广泛关注，在教学界也纷纷出现了对于构形理论在实践中的应用研究。汉字构形理论旨在研究汉字本体的构形规律，为各个历史阶段汉字的构形描写提供直接的操作方法和模式，对于当前汉字学方面的很多实际问题具有直接的指导意义，对于现代汉字的整理和规范、以及汉字作为第二语言教学的实践和推广，都具有重要的指导作用。汉字构形理论主要包括汉字的构形与构意、汉字的书写元素与构形元素、部件的功能、汉字的构形模式、组合层次等内容，具体到本书中应用，主要表现在以下几个方面：

1. 汉字构形理据与部件拆分及功能划分

汉字形、音、义三部分是汉字作为第二语言教学的主要教授内容，其中字形教学是不可或缺的重要一环，而且属于汉字本身特有的特征，具有相对的独立性，所以对字形结构、形义联系、形音联系的掌握也是汉字教学的根本。但是经过小篆规整，到了隶、楷阶段的现代汉字，由于各种原因构形理据已经发生了变化：或是象形性淡化、消失，或是古文字基础构形元素产生了形体粘连、简化，或是原来形体与意义完全不同的独体字进入构字后变为同形，或是理据完全消失。王宁先生从“结构”和“功能”的角度出发，根据汉字构形元素——构件（也称部件）的构意情况，将其分为“表形构件、表义构件、示音构件、标示构件”四类。据此，我们遵循“根据字理、从形出发、尊重系统、面向应用”的原则，对选取出的 3602 个现代常用汉字进行拆分，得出基础部件，然后以成字的基础部件和虽不成字但作为部首（以《现代汉语词典》部首表和《GB13000. 1 字符集汉字部首归部规范》为依据）的基础部件为纲，排列现代常

① 王宁. 汉字构形学讲座[J]. 中国教育报（语言文字版），1995，第 1-12 期.

用汉字的谱系，并对部件的功能进行表义、示音和记号的归类。其功能的判定原则有二，一是某个部件独立成字时的读音与所构字读音相比，如果韵母相同，我们就认定该部件具有示音功能。某个部件独立成字时的意义与所构字的某个义项或义类有明显关联，我们就认定该部件具有表义功能。如果由于语音的演变和意义的变化，现代楷书字形的某个部件与所构字的音义看不出任何联系，我们就将该部件判断为记号。二是某些部件在表面上看，无法与所构字的音义联系起来，但是将具有该部件的相关汉字成系列地进行观察时，仍然可以看到理据所在的，我们仍旧认定该部件具有表义功能或示音功能。

2. 汉字构形模式与现代汉字结构分析

汉字构形理论根据一级构件的不同类型，归纳出汉字构形的 11 种模式①。据此，张素凤对小篆字形和现代楷书（一级汉字）具有对应关系的 2989 个字的结构模式及变化情况进行了统计②，见表 0-1 所示。

结果显示，各种功能构件字的比例都发生了明显的变化：含象形构件字的比例明显减少，现代楷书基本上丧失了象形功能；含记号构件字的比例明显增加，汉字形体的理据性有所减弱；表义构件字和示音构件比例下降，但从历史的整体发展趋势来看是呈上升趋势的；含标志构件的字比较少，比例变化幅度不大，现代楷书字形中含标志构件字占总数的 0. 67%。

参考上述对现代汉字字形构形模式的分析结果(象形功能减弱、标志构件字比例极低)，考虑到教学上的简单性和可操作性，本研究在描述现代汉字结构系统面貌时，对拆分出的部件只作“表义、示音、记号”的功能划分，对现代汉字的结构模式从“义＋音”“义＋义”“半义半记号”“半音半记号”“记号（独体记号 / 合体记号）”五种结构模式进行描述。

① 11 种构型模式包括：全功能零合成字、标形合成字、标义合成字、会形合成字、形义合成字、会义合成字、标音合成字、形音合成字、义音合成字、无音综合合成字、有音综合合成字。

② 张素凤. 汉字结构演变史[M]. 上海：上海古籍出版社，2012（6）：169-180. 论著中作者对小篆字形的 18 种结构模式进行了比较，我们在此只对变化鲜明且有代表性的结构模式进行了引用。

表 0.1　2989 个汉字的结构模式分布

小篆结构模式分布			到小篆的结构模式变化		现代楷书字形结构模式分布		
结构模式	数量	比例			结构模式	数量	比例
形零	103	3.45%	形零	4	形零	4	0.13%
			记零	92			
			音记	2			
			义记	2			
			音义	1			
			义义	3			
记零	66	2.21%	记零	66	记零	478	15.99%
义义	402	13.45%	义义	173	义义	219	7.33%
			记零	81			
			义记	109			
			音记	2			
			音零	10			
			音义	27			
音义	2098	70.19%	音义	1669	音义	1721	57.58%
			标义	1			
			标音	3			
			记零	83			
			义记	253			
			义义	34			
			音记	15			
			音零	39			
			有音	1			

3.“书写元素”“构形元素”与汉字的区分教学

王宁先生在汉字构形学中提到“书写元素”和“构形元素”两个概念，分别对应于现代汉字的笔画和部件。在静态条件下，现代汉字的书写元素并不复杂，基本笔形大致可归纳为“横、竖、撇（捺）、点（提）、折”几种。但每一种笔形都有特定的写法，超出某一范围，就会产生偏误，因此它的动态过程十分重要，非汉字圈的外国学习者在学习汉字的最初阶段，大多数的错字都是由书写元素的偏误造成的。构形元素是直接进入构形的最小单位，也是汉字结构中表义的最小单位，在一定程度上体现汉字的构意。构形元素的分析和展现是培养学习者系统观念的关键，也是汉字能否被快速正确辨识的关键。

所以理论指导我们既要在教学目标上有明确的区分，又要在教学实践中注意内容的结合。因为汉字笔画的起落依附于结构，也就是说书写元素最终的熟练掌握依附于对构形元素的理性认识，在认识构形元素以后，书写过程才能达到理性化。具体言之，汉字教学就是一个引导学生进行汉字认知的过程，而汉字认知包括字形识别、读音认知和语义获得等内容。对外国学习者而言，在字形感知方面遇到的困难首先来自汉字丰富的线条形态变化、书写方向、组合形式与连接过渡方式。因此，书写教学本着笔画从少到多、构形从简单到复杂的原则，从笔画入手，用笔顺规则引导学生有序地认识汉字构形与练习书写，是符合从易到难的学习规律的，是字形学习的重要内容。但我们要意识到，学生对书写的学习过程并不是单纯的字形识别，而是逐渐加入了音义认知的内容，我们无法想象学生对一个尚不明确的形体会有认知的可能和书写的能力。也就是说，汉字在书写过程中是需要音义认知的支持，对字形的感知和记忆常常是以音义作为线索的。

总之，汉字教学要避免以书写原则代替认知规律的偏见，同时要明确教学目标的区分和教学内容的关联，是两个不同方面的内容，既不能将书写与认读混杂，也不能将书写与认读完全割裂。

4. 汉字属性与教学设计

根据汉字构形学的研究，汉字有五类属性，即由基础构件组成，构件有不同功能；构件有不同的组合样式；构件有不同的组合过程；层次结构的级层数；构形模式。汉字的这种多元属性指导我们在教学设计过程中，必须从多元角度来认识汉字，分辨汉字各种属性对汉字学习和习得的不同作用，从各个角度探讨提出相应的教学策略，由此形成符合汉字结构系统和认知规律的教学内容和教学模式。如本研究根据构件的不同功能，整理出现代常用汉字的基础声旁和基础形旁，对于形近的形旁借助构形关系的引入，突出区别特征，提高理据性，使字形所包含的意义信息与记录的词义之间形成某种联系，从而降低机械记忆笔形的难度。同时在基础构件的基础上再选取出构字、组词能力都很强的成字构件，并统计出这些构件在不同组合样式中的倾向性位置，引导学生发现偏旁与形声字之间的显性关系的线索，并将构件功能明确、组合样式稳定、构型模式整齐的汉字作为第一阶段教授的主要参考对象，并对其提出复用式掌握的技能要求。

其二，是兼顾理论。汉语教学新理论——兼顾理论①认为，语言教学是一种由目的驱使的行为，教学的不同阶段以及同一阶段内部，存在着多种目的，这些目的有高低主次之别，是一个可以分层级的动态系统。任何教学活动或教学设计都要优先实现主要目的，在实现主要目的的同时，力求兼顾次要目的，以求教学效益最大化。该理论从语言教学整体出发，“能够兼顾次要目的优于只实现主要目的”，其中对主要目的和次要目的的区分，对目的动态性特征的分析，对兼顾原则和条件的考察，对兼顾思想和非兼顾思想的辨析，都是对学科本质特点的深入探讨。该理论的具体指导作用表现为：

1. 兼顾理论下的原则选定

该“原则”包括部件拆分原则和基础字的选取原则。部件概念是随着汉字的符号化逐渐凸显、应用并固定下来的。现代汉字教学的主要目的是引导学生有效快速地认知并使用汉字，实现“快速有效”的最主要前提是了解熟知现代汉字的结构系统和构字规律。由此，决定了对现代汉字进行拆分的首要原则应是“遵循字理”，被拆

---

① 刘颂浩.《兼顾思想及其理论意义》，文章根据“第三届中青年学者汉语教学国际学术研讨会”（2010 年，北京大学）上的发言改写而成，收入李盛兵、周健主编《汉语国际教育理论研究》，北京：科学出版社，2013。或见刘颂浩的博客（http://blog.sina.com.cn/u/3248452982）。

分部件之间的组合关系要有理可循。同时还要考虑到现代汉字教学的另一个目的，即培养学生对字形识别记忆的能力，所以在部件拆分时还要兼顾到笔画的组合关系、部件之间视觉上的分隔关系以及清楚的对待关系，并力求拆分后的结果与汉字笔顺、汉字结构互成系统。本书在对3602个现代常用字进行部件拆分的主要依据是《现代常用字部件及部件名称规范》，该规范对于部件拆分原则的处理，无疑体现了兼顾理论的宗旨，在注重字理的同时，兼顾到了字形、系统及实际应用。

“基础字”是立足于现代汉字结构系统层面提出的，是为汉字作为第二语言教学的系统性和有效性体现服务的。在具体选取过程中，要考虑到字频、构字能力、结构形式、构词能力等各个不同的标准，这些标准和目的一样，既不能只关注一种，也不能不分主次，众参考标准之间也是存在层次关系的。要在选定出主要标准的前提下，遵循兼顾理论，对其他标准进行参考。汉字教学只有立足于为汉语学习服务，教授的内容切实可以为外国学习者所用，其真正的价值才能体现，汉字教学研究才不会跑偏。所以，书中将字频和构字能力，作为选取基础字始终贯彻的主要标准，在主要标准的指导下，再对所选汉字进行结构形式和构词能力的考虑。

2. 兼顾理论下的教学阶段划分

教学目的具有动态性，这一特征提醒我们，必须充分重视教学的阶段性，重视不同阶段主次目的的交替，这是兼顾理论在教学实践中的又一指导意义。如学习汉字的各个阶段所要掌握的知识目标都是不一样的，是在动态变化的，从“开始识别最基本的组字成分 / 部件 / 汉字的偏旁部首、了解基本笔画、笔顺，初步了解汉字义符的功能”到“初步辨别字音、字义和字形，了解汉字声符的功能，以及体会字与词的关系”再到“进一步辨别字音、字义和字形，知晓汉字结构系统规律、以及快速识别记忆汉字能力的形成”等。不同的阶段目标，会影响到教学内容选取标准的主次变化，也会影响到汉字数量的适时变化。但每个阶段又都有各自的主要目的，因为主要目的和次要目的是一种依据教学活动的需求临时分配的身份，而非永久性的标志。以形义学习为例，在理解字形和掌握形义关系这两个目的之间，可以有这样三个阶段：

	主要目的	次要目的
阶段一：	+理解字形	
阶段二：	+掌握形义关系	+理解字形
阶段三：	+熟知运用	

那么，如果把后一阶段的主要目的提至前一阶段，从而破坏汉字教学的阶段性，是不合适的。

3. 兼顾理论下的教材编写

一般而言，编写语言课文的主要目的是创造出“教学内容和语言难度适合学生程度并且自然流畅的汉语文本（刘颂浩，2010）”。具体到汉字教材或者综合教材的字词部分，兼顾高频、常用度、理据、字形结构、文化等，是一个值得努力的方向，但并非所有的方面都能考虑到。兼顾需要一定的前提，也需要遵循一定的原则。主要目的难度的可变性，是兼顾的前提；设计出来的教学活动或教学材料，其总体语言难度不宜超过学习者能够承担的上限，是兼顾的原则。如在编写以非汉字圈学习者为主要对象的汉字材料时，初级阶段目的决定需要进行一系列的基础知识处理：了解笔形、结构形式、组合方式。这时就要注重字形结构兼顾汉字频度，但并不是所有字频高的字都能兼顾到，如“谢”“最”等。兼顾与否跟汉字的实际使用场合即现实生活中的应用定位有关，当高频与主要目的一致自然理所当然地去选择，但如果发生冲突，在不影响主要目的的情况下，也没有必要进行改变和牵强兼顾；初级之后主要目的发生变化，教材中的文字材料转而需要围绕声旁、义旁、构形模式等知识展开处理，这时就要注重理据，兼顾高频与构词等；再如，对于教材中汉字出现的次数和练习设计而言，第一次接触，认知负担大（难度高），主要目的是识别；第二次接触，认知负担降低，主要目的是认知，兼顾其他要求（比如扩展应用），等等。

兼顾理论能够处理更多的教学现象，各种教学设计活动、课文编写、语料选择，甚至那些表面上并没有多少关联的教学设计现象，都可以在兼顾理论的旗帜下得到统一的解释。

第二节 研究的现状

本书主要从汉字本体与汉字教学两个方面，对学界近些年的研究现状做一梳理。

一、汉字结构系统的研究

汉字结构的研究历来是传统汉字学研究中的一个重要课题。从传统“六书说”到后来学者提出的“三书说”“二书说”“四书说”“五书说”“新六书说”“构形理论”，无不体现了历代学者对汉字结构理论的不断探究和思考，其中不乏值得学习和应用的科学内容和方法。如20世纪90年代王宁先生在《汉字构形学讲座》中提出“构形”理论，该理论分出表形、表义、示音、标示四大类构件，归纳出11种汉字构形模式。之后，李运富先生（2012）对汉字构形学理论进一步阐发，将王宁先生提出的4种基本的构件功能和演变后丧失理据所形成的记号，并列为5种构件功能，即象形功能、表义功能、示音功能、标志功能和记号功能，并用推算加变通的方法将各种功能的组合模式进行总结，得出20种。两位先生所归纳的汉字结构模式，系统明确，容易识记操作，给本书的研究分析提供了直接的理论基础和指导。又如，同一时期苏培成先生（2004）提出关于现代汉字结构分析的阐述:“分析汉字的结构首先要区分溯源分析和现状分析。在现状分析时还要区分外部结构和内部结构分析。”苏先生用变化的观点从历史和应用的角度观察汉字的结构，这种全面清晰看问题的方法非常值得学习。另外，他还提出了现代汉字的6种结构模式，分别是会意字、形声字、半意符半记号字、半音符半记号字、独体记号字和合体记号字。这也正是本书进行现代汉字结构模式描写时，所参考应用到的模式。

另外围绕构形理论展开的一些研究，也让我们很受启发。如黄德宽先生（2003）提出汉字结构研究分为静态的结构类型研究和动态的“构形方式”研究，并总结出“构形方式”研究的具体方法，即通过对不同时期新增汉字“结构类型”的分析，确定各个时期造字时所采用的“构形方式”。周晓文（2007）以断代汉字构形属性库为基础，从构件、结构和关联等几个不同侧面对汉字构形系统进行了历史的描写、分析，不仅展示了汉字构形系统性的整体面貌，也通过数学分析加深了对汉字构形属性发展状况的了解和认识，同时指出简化字在一定程度上对汉字的造字理据有所削弱，改变了部分形体的相关关系，甚至产生了游离于系统之外的个体。但由于汉字在长期使用过程中已形成稳定的形体结构，字形之间建立了坚固的关联网络，使得汉字系统对个别形体的异变具有很强的吸纳能力。张素凤、杨洲（2008）运用汉字构形学理论对汉字演变过程中纷繁复杂的理据重构现象进行了分析，并根据演变前后构形理据之间的关系，对汉字理据重构现象进行了分类。

此外，关于汉字结构系统变化及变化规律的相关研究，也是我们需要了解的内容。如台湾李孝定先生（1986）就曾将甲骨文、《说文》小篆、宋代楷书按“六书”分类进行比较，发现“各种书体的百分比，有了显著的消长”。大陆学者姚孝遂、何琳仪、詹鄞鑫、王凤阳、梁东汉等前辈学者也先后对汉字的历时传承关系和结构变化规律有所阐述[①]。再到近年来一些学者的研究，张素凤《汉字结构演变史》描述研究了“殷周最早字形——小篆——现代楷书”三个时段的汉字构形系统和不同系统间各类构形属性的相互比较，通过各种类型的数据，运用量化手段揭示出汉字结构变化的规律。孔祥卿《汉字学通论》第五章阐述了汉字的系统性，详细介绍了“汉字系统的共时描写法”，并对《说文解字》所收的每一个小篆结构进行分析，从而离析出小篆的基本字素，统计出每个基本字素的构字功能，对小篆的声素、义素及文字系统进行了分析。

面对汉字教学，不少学者根据汉字的特点提出了字源分析法、

---

① 李运富. 汉字结构演变研究的新成果——评张素凤《汉字结构演变史》[J]. 古汉语研究，2012（4）：91-94.

字素分析法等，如王学作、李文治、张永亮、施光亨、刘社会，但面对现代汉字，这些方法是否使用，这就需要对现代汉字的结构系统做出详细描写。上述研究，无疑为现代汉字的结构研究提供了很好的理论依据和实践经验，其中一些分类的结果可以作为现代汉字结构分析描写的重要参考。

二、对外汉字教学的研究

（一）关于“汉字难”的问题

关于汉字难教、难学问题产生的原因，学者们的观点归纳起来主要有：汉字本身的特点；第二语言学习者不同于母语学习者的知识结构、文化背景以及认知方式；对外汉字教学存在的一些误区。事实上，汉字难教、难学原因众多复杂，决不限于上述三种，李泉（2010）《关于“汉字难学”问题的思考》中提到“汉字教学或学习效果还不够理想，原因是多方面的”。

从已有研究可知，大部分学者认为字形难是汉字教学中首要突出的问题，如石定果、万业馨（1998）《有关汉字教学的调查报告》归纳了汉字难学的四个原因，认为“字形困扰”是主要原因之一。报告指出，产生字形困扰的原因，一是“不明结构”，如形近字相混。二是“不明关系”，如异体字、复音异体字词、同形词相混等。调查结果表明，相对于汉字习得的其他层面，即字音、字义层面，汉字字形的问题对留学生来说更为突出。江新、柳燕梅（2005）《拼音文字背景的外国学生汉字书写错误研究》，通过研究拼音文字背景的32名外国学生在自然写作中出现的汉字书写错误类型，探讨汉字书写法知识的形成和发展规律。该项报告的方差分析结果显示，留学生汉字错误类型的主效应非常显著，字形错误的比率平均值大于字音错误的比率。沈禾玲（2003）《回顾与展望：美国汉语教学理论研究综述》在调查母语为英语的汉语学习者汉字习得策略时指出：“汉语对母语为非汉语的学习者来说，是最具挑战性的语言之一。这主要是因为汉语的正字法特性。其中，对学习者的主要挑战是汉字字形结构的复杂性。”

类似的相关论文还有很多，总之从现在各类汉字教学实践和调查报告来看，外国学生汉字习得的主要难点多集中在汉字字形的认知与书写上，而字形又是沟通字音、字义的基础。所以，汉字字形仍是阻碍外国学生汉语习得水平提高的主要瓶颈之一，也是汉字教学需要重视的内容之一，这也正是本书讨论字形系统的主要原因。

（二）汉字教学内容和方法的研究

1. 教学内容

汉字教学从受关注以来，一直不乏关于教学内容探讨的研究，如常宝儒（1987）在国际汉语教学讨论上谈到“汉语教学常用汉字的优选问题”；赵金铭（1989）统计了 4 部基础汉语教材中的全部用字，根据构词数和结合社会生活常用原则，选出了 1000 字作为初级阶段应该掌握的字；1998 年、1999 年《语言文字应用》先后发表了多篇相关文章，陈仁凤、陈阿宝阐述了“一千高频度汉字的解析及教学构想”，易洪川、杨夷平、朱全红探讨了“从基本字表的研制看汉字学与汉字教学的关系”，卞觉非专门研究了“汉字教学：教什么？怎么教？”。这些研究表明常用字或基本字表选定、研制的重要性已经引起学界重视，随后围绕字表、初级阶段用字以及教材选字等展开的研究陆续出现。如周健、刘圣心（2007）《对外汉语教学〈基础汉字表〉研究》将《汉字等级大纲》和《绿皮书》（2005）进行对比，结合教学实践，提出《汉字等级大纲》和对外汉语教学《基础汉字表》的修订及研制建议；孟繁杰、李炎（2010）《基础阶段对外汉语教材的汉字选择》根据目前已有的汉字统计字表，以频度、成词构词能力、笔画部件难易度以及汉字常用度为依据，选出基础阶段对外汉语教材应该重点考虑的 500 个常用汉字等。这些研究中所阐述和应用到的一些方法及原则，确实为汉字教学内容的选择确定提供了科学依据和可操作性，如易洪川等提出的初级阶段基本字选取四原则，即“字度原则（高频度、宽用域、构词率高、使用相对稳定的字）、代表字原则（能代表汉字在音、形、义、字词关系、文化内涵等方面特点的字）、自释原则（汉字学中用来描写汉字自身术语的字）、经济原则（可以实现最好教学效果的)。但上述研究结果在教学中以什么样的组合方式或顺序呈现出来，又如何和汉语的语言项目结合起来，大多并未涉及。

2. 教学方法

根据对相关论文及资料的统计，到目前为止识字教学的方法已有30多种，如图表教学法、析字教学法、字素拼合法、偏旁教学法等，其中主要通行的有部件教学法、形声字教学法、字族理论教学法、字源理论教学法等，围绕这些方法展开的相关研究也不在少数。关于形声字教学法的研究，一方面是注重汉字形义关系，如施正宇（1992）《现代形声字表义功能分析》、施正宇（1994）《现代形声字形符意义的分析》、潘先军（2002）《形旁表意功能在留学生汉字学习中的负迁移及对策》、李大遂（2002）《常用汉字义系字族表并序》、张积家、陈新葵（2005）《汉字义符在汉语动作动词意义认知中的作用》、周翔（2014）《浅析汉字义符过程中的认知模式》等；另一方面是论述声符的功能及教学应用研究，学界对形声字表音度的测查始于20世纪70年代，在声旁的研究中，由定性到定量不断取得进展，如20世纪苏培成（1965）《现代通用汉字读音的分析统计》，周有光（1978）《现代汉字中声旁的表音功能问题》，奚博先（1979）《从另一个角度看声旁的表音功能》，范可育、高家莺、敖小平（1984）合著的《论方块汉字和拼音文字的读音规律问题》，各家都注意到声旁位置不固定、声旁多音、声旁不成字等因素对表音度的计算方法。到21世纪，很多学者开始了将其与教学相结合的研究，万业馨（2000）《略论形声字声旁与对外汉语教学》，李大遂（2001）《略论汉字表音偏旁及其教学》，江新（2001）《外国学生形声字表音线索意识的实验研究》，郝美玲（2005）《声旁语音信息在留学生汉字学习中的作用》，张熙昌（2007）《论形声字声旁在汉字教学中的作用》，金善娥、辛承姬（2015）《形声字声旁家族的一致性与对外汉语教学》等。综上，从整个现代汉字结构系统，兼顾声符和义符的对外汉字教学仍有继续深入研究和实践的可行性和必要性。

现代汉字的切分单位，曾经出现过字素、字符、偏旁等术语，后来又有了广为使用的部件，关于这些术语的内涵及相互关系，我们在书中其他章节会有专门阐述。截至目前，学界就此做出的相关研究有：万业馨（1999）《汉字字符分工与部件教学》分析了字符的分工和成因，指出了部件教学应思考注意的问题；朱志平（2002）《汉字构形学说与对外汉字教学》提出汉字部件的多元属性的观点；尤浩杰（2003）描述了笔画数、部件数和拓扑结构类型对非汉字文化圈学习者汉字掌握的影响；邢红兵（2005）《〈汉语水平〉汉字等级大纲》通过对大纲中2905个汉字的部件、成字部件、部件构字能力、汉字结构类型四方面的统计分析，证明利用部件进行教学是可行的和经济的；冯丽萍等（2005）《部件位置信息在留学生汉字加工中的作用》通过实验发现对欧美学生来说，右部件和下部件的作用较强，对日韩学生来说，对左右结构的汉字因熟悉度较高而倾向于整字加工，上下两个部件则共同参与汉字识别过程；郝美玲、范慧琴（2008）《部件特征与结构类型对留学生汉字书写的影响》采用延迟抄写的实验考察部件频率、部件构字数和汉字结构类型对留学生汉字书写的影响等。

字族教学也是受到普遍关注、影响较大的一种汉字教学方法，如卢正体（1995）《试论“字族文识字”的汉民族特色》探讨以汉字的某一字族为生字所创编的诗歌和散文，然后通过教学手段由学习字族文来学习这一字族的识字新方法；陈曦（2001）《关于汉字教学法研究的思考与探索——兼论利用汉字“字族理论”进行汉字教学》从汉字自身的特点出发，对汉字教学的各种问题进行了系统的梳理，并根据汉字“字族理论”提出汉字教学的新思路，认为字族汉字教学对中国学生和外国学生都是有效的；蔡永贵（2009）《汉字字族研究》较为全面深刻地论述了汉字字族的时代特征及研究字族的角度与方法、汉字字族的形成及同族字孳乳条例、汉字字族理论的科学性、同族字和同声符字的联系与区别对形声字的再认识等；李小健（2011）《同音字族内的听觉通道词频效应与同音字表征的激活》的研究结果说明存在同音字族内的听觉通道词频效应，同音的高、中、低频字的表征激活具有不同等性，导致不穷尽通达，且同音的最高频字得到更多通达机会等。

从上述这些教学法研究的内容和结果来看，对教学内容进行分类分组、遵循理据、寻求规律是汉字教学得以科学有效开展的根本，那么如何具体操作、如何将各种方法融合，有效合理应用在教学设计和教材编写当中，就是需要进一步研究探讨的问题。

（三）汉字认知、习得以及学习策略的相关研究

近年来，汉字认知研究提出了许多理论或模型，如“整字加工模型”“经成分识别修正模型”“多层次交互激活修正模型”“联结主义修正模型”“合体汉字字形识别的模型”“平行加工模型”“交互加工模型”等，这些理论模型可以较好地解释关于汉字识别和认知的许多成果，虽然这类研究存在着数据结果差异较大，研究结果应用不足等问题，但部分研究内容和成果，可以作为汉字教学设计的参考，如“整字加工模型”的分析。

汉字习得方面的研究主要围绕偏误、影响因素、发展过程、学习者策略几方面展开，其相关的综合性专著主要有：孙德金（2006）《对外汉字教学研究》，系统介绍汉字的音、形、义特点，探讨了汉字的认知规律以及不同国别的留学生习得汉字的规律；李香平（2006）《汉字教学中的文字学》从学习者习得规律入手，探讨了传统文字学在对外汉字教学中的运用；胡文华（2008）《汉字与对外汉字教学》从汉字本身、汉字教学与汉字学习角度进行了较全面的论述；周健（2007）《汉字教学理论与方法》从汉字本身与汉字教学两个方面入手分析，提出了从汉字认知习得特点出发的教学策略，并在全书最后一部分提供了大量具体的教学方法与技巧；万业馨（2012）《应用汉字学概要》更是系统全面地阐述了对外汉语教学中的汉字教学问题。这几本专著都是本研究开展进行的最主要参考文献。另外，对本研究有启发作用的汉字习得论文主要有：江新（2006）《汉字频率和构词数对非汉字圈学生汉字学习的影响》表明，语言输入的频率是影响汉语习得的一个重要因素；王骏（2009）《留学生汉字习得的相关因素研究》以 31 名非汉字文化圈留学生为对象，研究共考察了 10 项因素与汉字习得的相关性，结果表明学生汉字习得总

体上直接相关的因素是部首掌握情况和词汇量；王骏（2015）《外国人汉字习得数据库的建设与汉字习得分析》建立了“外国人汉字习得数据库”，分析了学习者掌握汉字认读与汉字书写的差异，正字、错字与别字在习得过程中的不同表现，汉字习得与字频、复现率、构词能力、笔画数、汉字结构类型、构字方式等属性的相关性等。这些研究成果都是对习得研究的积极探索，也是对研究成果应用于教学实践的积极尝试。

汉字“教”“学”相互影响，研究“教”的同时，自然少不了“学”的分析，在此仅介绍几种与本书内容相关的研究结果：如江新、赵果（2001）《初级阶段外国留学生汉字学习策略的调查研究》研究表明，在总体上，留学生最常使用的是整体字形策略、音义策略、笔画策略和复习策略，其次是应用策略，最不常用的是归纳策略；“汉字圈”国家的学生比“非汉字圈”国家的学生更多使用音义策略、应用策略，更少使用字形策略、复习策略；“汉字圈”国家的学生比“非汉字圈”国家的学生更加经常使用制定计划和设置目标的元认知策略。之后两位老师又在此基础上对初级阶段留学生汉字学习策略和汉字学习成绩进行了相关分析，发现应用策略对提高汉字学习效果有很大的帮助。王建勤（2005）《外国学生汉字构形意识发展的模拟研究——基于自组织特征映射网络的汉字习得模型》通过模型对真、假、非、字认知效应的模拟，探讨了外国学生汉字构形意识发展过程以及汉字结构类型对其发展的影响。研究表明，学习者对频次非常敏感，外国学生虽然具有成人的认知能力，但其汉字构形意识的萌发却需要中国小学生 2 倍以上的汉字识字量，因此集中识字更有利于外国学生汉字识别与书写能力的提高。王建勤、高立群（2005）在证实上述结论的基础上，提出在汉字习得初期，欧美学生更多地采取字形的认知策略，随着汉语水平的提高，其构形意识发展却相对滞后，往往转而采取利用字音信息为主的认知策略。柳燕梅（2009）《汉字策略训练的必要性、可教性和有效性的实验研究》发现参加策略训练与不参加策略训练的汉字初学者都对策略训练持肯定态度，参加训练的学生策略使用频率和使用意识都比不参加训练的学生有所提高，而且参加训练的学生在记忆汉字时的书写负担减轻了。由此证明在汉语教学的初级阶段，开展汉字策略训练是必要的、可教的和有效的。

（四）相关等级大纲的研究

早在《现代汉语常用字表》（1988）和《汉语水平词汇与汉字等级大纲》（1992）提出之初，就出现了关于字表范围内汉字的全面考察研究：朱一之等学者（1993）对《汉语水平词汇与汉字等级大纲》所收的2905个汉字进行了统计分析，给每个字标明了拼音、所属级别、部首、结构类型、构成部件、笔画、笔顺。这一工作是首次针对对外汉语教学的汉字本体研究。张凯（1997）把《现代汉语常用字表》3500字按构词能力划分为五个等级，确定了一部分构词基本字，这一研究直接以汉语教学为目的，采用了数据库统计的方法，较科学地反映了常用字的构词能力。陈仁凤、陈阿宝（1998）以《现代汉语常用字表》中的1000个高频率汉字为研究对象，从形、音、义三个方面进行了解析，提出了对外汉字教学的几点构想。冯丽萍（1998）对《汉语水平词汇与汉字等级大纲》2905个汉字中的形声字进行了封闭性统计，分析了形声字声旁与整字之间的语音关系，结合认知心理学原理，揭示了不同阶段学习者在习得形声字时可能面临的问题。周健、李海霞（2008）对《汉语水平词汇与汉字等级大纲》的甲级词提出修订意见。王敏、王晓明（2012）选择《汉语水平词汇与汉字等级大纲》甲级字与现行国家汉字规范《现代常用独体字规范》以及三个语料库的字频统计结果进行对比，通过对数据资料的细致分析，对《大纲》甲级字收字提出了具体的建议等等。张江丽、朱志平（2011）对《汉字等级大纲》的产生过程、目标要求、适用范围等方面进行分析，结合对外汉语教学的现状，对《汉字等级大纲》提出了改进建议。

汉字大纲一直在不断完善中，字表大纲与教学的结合不断受到关注，且相关的研究也一直没有停止，但此类研究可以再向前走一步，即尝试将各种问题和相关建议得出的结果内容应用到具体教学设计中及教材安排上，进一步加大对外汉字应用研究的力度，因为应用很重要，但事实上目前我们在应用研究方面还做得不太够。

第一章　现代汉字结构系统的基本面貌

第一节　现代汉字的选取

对外汉语教学的主要内容为现代汉字，其中现代常用汉字记录的是汉语基本词汇，使用频率较高，能够在一定程度上反映汉字形、音、义系统的主要特征。为此本书将现代汉字范围限定为现代常用汉字，选取对比了4个影响较大的字表和汉字大纲。一是了解各类字表的内容异同变化，二是确定最终接受分析的现代常用汉字数量。

一、4个字表的对比

（一）《现代汉语常用字表》和《通用规范汉字表》（一级字表）

《现代汉语常用字表》是国家语言文字工作委员会汉字处从1986年6月开始研制，1988年1月公布的，该字表包括常用和次常用字3500个，使用时间长、影响比较大。2013年《通用规范汉字表》公布，该表是《中华人民共和国国家通用语言文字法》的配套规范，体现着现代通用汉字在字量、字级和字形等方面的规范。字表中的一级字表为常用字集，收字3500个，主要满足基础教育和文化普及的基本用字需要，是一般社会领域使用频度最高的常用字集。这3500字在不同语料库中的覆盖率为99.57%—99.70%，比《现代汉语常用字表》的3500字高0.09%—0.22%。但考虑到《现代汉语常用字表》实施年代较长、影响较大，也是后续相关各类词汇或汉字大纲的主要依据，我们将《现代汉语常用字表》和《通用规范汉字表》一级字表进行了对比，前者有后者没有的汉字共计96字，即

“邢、芎、凫、阱、坞、杈、鸠、诅、苫、奄、昙、咆、刽、瓮、衩、虱、荚、茴、荞、荠、枷、秕、奕、飒、涎、莩、桅、蚜、铆、秫、笆、胯、袒、娩、掸、晤、冕、畦、蛉、赊、铡、铣、笤、傀、舷、翎、谒、揖、蛔、锉、牍、黍、搪、蓖、蒿、楔、楞、楣、硼、碉、蛹、嗤、锹、锭、肄、滓、蔫、榛、碴、辕、嘁、幔、箍、漩、嫡、缨、樊、镊、膘、潦、嬉、蟥、螟、篙、膳、燎、壕、檩、镣、糜、癞、攒、攮、蘸”，据此将研究范围确定为两者的最大公约数，即3596字。

（二）《汉语水平词汇与汉字等级大纲》和《国际汉语教学通用课程大纲》

作为对外汉语教学的重要依据，《汉语水平词汇与汉字等级大纲》理应成为本研究材料选取的主要参考。该大纲以《现代汉语常用字表》中的2500个常用字和1000个次常用字的分级为重要依据，将2905个常用字分为甲、乙、丙、丁四级，分级的主要原则是“以相对应的词汇总量及词汇分级为基础和必要条件”，可以看出该等级大纲考虑的立足点偏重于汉字的记词功能和书面交际功能。其语料来源主要是国内影响较大的七个动态性频度统计词典、词表与字表，基本上反映了当时人们语言生活中的用字、用词情况，但是，随着人们语言生活状况的不断变化和信息技术的发展，这些颇具权威性的词典、词表和字表作为语料统计的依据也逐渐表现出局限性。但因为一直以来《等级大纲》是对外汉语学界影响较早且最为广泛应用的关于词汇与汉字的大纲，所以《等级大纲》收录的汉字也在我们参考对比的范围内。与上述两个字表对比的结果是，该大纲2905字中有2485字是《现代汉语常用字表》中的常用字，其余420字在《通用规范汉字表》一级字表范围内。

《国际汉语教学通用课程大纲》由孔子学院总部、国家汉办组织研制出版，自2008年颁布以来，已被翻译成45种文字在世界各地推广使用，附录中包括《常用汉语800字表》《常用汉语1500高频词语表》。2013 年修订版的《课程大纲》主体框架由五级目标等级调整为六级目标等级，并对各级字、词、语法、话题等语言知识进行了更新，强调与 HSK 的关联，附录中列出调整后的《六级常用汉语字表》，共计 2500 字，但从修订后的汉字的选取及等级划分可以看出，其主要参考依据依旧是字所代表的词的等级。

《课程大纲》中的《六级常用汉语字表》，是除《等级大纲》之外，制定推行的又一专门的汉字列表，为此我们将上一步得出的 3596 字与《六级常用汉语字表》的 2500 字再次对比。两组汉字中相同字 2494 个，这批字一定要在研究范围内。不同字共计 1108 个，主要包括《规范汉字表》一级字表、《常用字表》中的 1102 字和《六级常用汉语字表》中的 6 字。

二、对比结果描写及范围确定

我们将上述 1000 多不同字与《六级常用汉语字》中的字之间的关系进行梳理发现（括号、横线前为 1000 多不同字中的汉字，括号、横线后是《六级常用汉语字》中的字）：

有些字与《六级常用汉语字》中的字同时出现，有助于成系列地展示出汉字形音义的规律，例如“捶（垂锤）、瀑（曝暴）、崎（奇骑）、芥（界介）、锉（挫坐）、梅（每霉）、祠伺（词司）、蝶碟（谍）、钝吨（顿吨）、咕沽（姑古）、涣焕（换唤痪）、拷铐（烤考）、硝销（消肖）、芽蚜（牙呀讶）、筝狰（争睁）、馏榴（留瘤溜）、泞狞柠（宁拧）、伶羚聆蛉岭（令龄铃领玲）、躯岖（区驱）、蓉榕熔（容溶）”。

有些字可以反映汉字较强的声旁系统，但《六级常用汉语字》中没有列入和注释，如“瞭镣潦缭撩燎嘹、葡浦蒲圃脯、梭唆、逾渝榆、盏栈、稻蹈”。

有些字只有在同时出现时，二者之间形和音的关系才可以得到较好沟通和体现，如“疹（诊）、搔（骚）、涯（崖）、徘（排）、睫（捷）、炊（吹）、赃（脏）、狐（弧）、翠（醉）、诀（决）、钧（均）、坎（砍）、楞（愣）、姗（删）、锥（椎）、啄（琢）、琉硫（流）、洛骆（络）、呐钠（纳）、纱砂（沙）、浆桨（奖）、鹃娟绢（捐）、蝶碟（谍）、痰（谈毯）、瓤攘（壤嚷）、剃（梯涕）”。

有些字常常也是偏旁字，但并不在《六级常用汉语字表》范围内，这类字的纳入，便于加深对结构系统的了解，如“刘－浏、罗－逻、吕－侣、娄－楼搂篓、孟－猛、函－涵、乃－奶、曼－慢漫、尼－泥、乔－桥侨、闰－润、炭－碳、刃－忍韧、匈－胸、奄－淹掩、乍－炸诈榨、朱－珠株”。

有些偏旁字在《六级常用汉语字》中孤零零出现，如果与所构形声字可以同时出现，有助于汉字结构系统的体现，如“裳－尚、鲨－沙、椿－春、矾－凡、幌－晃、擒－禽、痊－全、迂－于、桩－庄、籽－子、佐－左、焊悍捍－旱、牲笙甥－生、壕嚎－豪、桦哗－华、簧蟥－黄、薯曙－署、徊茴蛔－回、颊荚－夹、灸疚玖－久、魁傀－鬼、碌禄－录、榄揽缆－览、篱璃漓－离、俐莉痢－利、檬朦－蒙、拇姆－母、棚鹏硼－朋、殃鸯秧－央、樱鹦缨－婴、催摧－崔、喉猴－侯”。

另有少数字，常用度很低，不属于《六级常用汉语字》，但它们在汉字结构系统中属于常见声符或义符，如“戈、亥、禾、壬、尼、皿、爪”。

鉴于现代汉字结构系统描述的客观性和对外汉字教学的可操作性，一方面要达到常用字的数量，所选汉字可以一定程度客观地展现现代汉字结构系统面貌；另一方面要重视对外汉语领域颁布的字表内容，突出重点，注重认字、写字和用字的应用任务。因此，在上述对比整合基础上，我们最终选取《通用规范汉字表》一级字表 3500 字、《常用字表》96 字和《六级常用汉语字表》6 字，共计 3602 字，作为本书研究的基础资料。

第二节　现代汉字结构系统的描写法

一、现代汉字的结构系统

系统是由相互作用、相互依赖的若干部分有序结合而成的，是具有特定功能的有机整体，而且这个有机整体又是它所从属的更大系统的组成部分。“汉字是个庞大的符号系统”，“汉字是书写汉语的第二性符号系统”，汉字结构内部的基本元素在组合上的规律性、系统性，正是汉字得以不被间断沿用至今并能很好地承担记录汉语职能的根本保障。

（一）汉字结构系统的基本要素

目前，学界对于汉字结构系统中“基本元素”的理解略有不同，相关概念主要有“偏旁、字素、字符、构件、形素、部件”，各自所指内容与所在层次，有不同、有交叉、也有重叠。在对现代汉字结构系统进行描述之前，我们先对这几个概念进行简单探讨和梳理。

1. 偏旁

“偏旁”术语早在唐宋时代就已出现，如唐代颜真卿《干禄字书序》“偏旁同者，不复广出”，宋代姜夔《读书谱》“然柳氏大字，偏旁清劲可嘉，更为奇妙”。偏旁是自然存在的，是对汉字平面一次性分解而获得的一级结构单位，获得偏旁的过程，实际是创造合体字的逆过程。也就是说，在合体字创造过程中，偏旁实际已经客观存在，只是在汉字教学实践中因需要而产生。所以，偏旁是汉字结构认知的直接单位，是字构层面的概念，处于汉字中间结构层次的顶层，反映汉字音义系统。如“鸿”的偏旁是“江”和“鸟”，虽然“江”本身又包含两个偏旁，但那是“江”字本身的组成成分，而在组成“鸿”时“江”是以一个整体参与的，其中的“氵、工”与“鸿”没有直接的音义关系。但传统所谓的“偏旁”也有自身的限制，即只适用于对合体字进行分析。

2. 字符

“字符”是结构汉字的符号，苏培成（1994）提到“研究汉字的形体结构要区分造字法与构字法，造字法指的是字源的分析，构字法指的是现状分析”，构字法旨在说明现代汉字形体结构的组合规律，在构字法研究中，根据第一级部件与整字音义的关系，字符可分为意符、音符和记号。“字符”概念及分工的提出，有利于现代汉字构字类型的描述，也有利于汉字内部结构与语言对应关系的解释。与“偏旁”相比，可以很好地解释“独体表意字”和“独体记号字”两种情况。

3. 字素

“字素”的概念最早是李圃先生提出来的，李先生把字素定义为“汉字中形与音、义相统一的最小的造字单位”（《甲骨文文字学》第10 页），而把不一定具备读音，但构字时意义稳定的造字单位称为“准字素”。孔祥卿等（2005）把字素定义为“汉字系统中形与音或形与义相结合的构字单位”，“形与音或形与义相结合的最小的构字单位就是基本字素。基本字素有成字字素和不成字字素”。其实，“字素”是模仿“音素”“语素”而来的概念，文字是记录语言的符号系统，文字记录语言的单位是词，文字记词的方法有两个，通过语音来记词的是表音文字，通过语义来记词的是表义文字，表音文字的基本元素是字母，字母是形音结合的最小单位，字母成词后才有意义，比如“a”是一个字母，也是英文的一个词，不定冠词；表义文字的基本元素叫“字素”（也有的称作“字元”或“字根”），那么字素就应该是形义结合的最小单位，字素成字后才有读音，不成字的字素没有读音，比如“山”“宀”都是形义结合的最小单位字素，但是“山”可以单独成字，“宀”只能作表义偏旁。成字再参与构字时转化为偏旁，声旁的读音来自成字的音。

4. 构件和形素

“构件”是汉字构形学提到的核心概念。王宁先生提道：“汉字的构形单位是构件（也称部件）。当一个形体被用来构造其他的字，成为所构字的一部分时，我们称之为所构字的构件”“把汉字进行拆分，拆到不能再拆的最小单元，这些最小单元就是汉字的基础构形元素，我们称之为‘形素’，也就是基础部件。比如“话”的形素和基础部件都是“讠、千、口”，“例”的构件“亻、歹、刂”。

5. 部件

部件是字形层面的概念，是对汉字多次分解而获得的末级结构单位，是从视觉角度出发拆分出来的相对独立的笔画结构块儿，具有人为规定性。汉字在由古至今的形体发展演变过程中，通过形体讹变、省简、增繁等方式产生了一部分突破构形理据，与已有构形偏旁相同或相似却又不具备偏旁构形功能的笔画块。由此，面对现代汉字体系的结构系统集成，依据汉字理据存在的偏旁，已不能全面适应和解释汉字发展的需要，于是部件概念从另一个层面分析入手，很好地解决了汉字结构分析的部分内容。

上述概念，偏旁是分析合体字得到的单位，不能用来分析独体字，因此不能作为汉字结构系统的基本元素；字素是形义关联的最小单位，与音义没有关联的符号则不具备字素的资格。比如“音”从形体上看，是由“立”“日”两个符号上下叠置而成，但是，这两个符号与“音”的音义都没有关联，既不是成字“立”“日”转化而来的偏旁组字，也不是有意义的字素组合成字，因此，“音”就是汉字系统的一个基本元素——字素。这样的分析与形体分析相矛盾，虽然逻辑上很清楚，但容易造成混乱，所以本书不取。“字符”“构件”“部件”的概念所指相同，但是“字符”有两个层面的意思，一是指词的符号即字本身，二是指结构汉字的符号，而“部件”或“构件”所指更明确，更便于汉字结构系统的描述。相比而言，“部件”更通用一些，所以本书使用“部件”这一概念作为汉字系统的基本元素对汉字的结构系统进行描述，同时也保留“偏旁”的概念，用来对合体字做直接构字层面的分析和说明。

（二）基础部件的判定

本研究采用“部件”这一概念进行现代汉字的结构系统描述，部件逐层组合构成整个汉字系统，其中处于底层的最小单位，即不可再做拆分的部件称作“基础部件”。目前由于对部件大小的界定认识不一，以及对基础部件的判定不清，无论是信息处理还是汉字教学，在部件拆分时都存在很多的分歧和矛盾纠结之处。1997 年国家语委发布《信息处理用 GB13000. 1 字符集汉字部件规范》，以 GB13000. 1 字符集中的 20902 个汉字为拆分对象，列出了汉字拆分的原则和方法，制订了包含 560 个部件的《汉字基础部件表》。2009 年教育部、语委发布《现代常用字部件及部件名称规范》，对《现代汉语常用字表》的 3500 字逐个进行部件拆分、归纳与统计，形成了包括 514 个部件的《现代常用字部件表》，介绍了部件名称命名规则和部件表使用规则。二者在字符集对象、部件数量、划分标准、拆分目的和部件分组上均有所不同。但前者为后者的规范性引用文件，所以在处理理据或形与源问题上是一致的，字形符合理据的要进行有理据拆分，无法分析理据或字形与字理矛盾的依形拆分，即都体现了“从形出发”的原则。本书研究对象是常用字，目的是服务于汉字教学，所以根据《现代常用字部件及部件名称规范》（简称《规范》）对 3602 字进行了拆分，结果遇到“多种拆分”“结构层级不清”“不成系统”等问题，部分汉字拆分结果见表 1.1：

表 1.1　汉字拆分示例

朵	几＋木	累	田＋糸	老	老
没	氵＋殳	真	直＋八 / 十＋具	考	耂＋丂
设	讠＋殳	穴	穴	孝	耂＋子
系	丿＋糸	亦	亦	仑	仑
紧	〢＋又＋糸	去	去	会	人＋云
敲	高＋支	辛	辛	仓	人＋㔾
餐	歺＋又＋食	京	京	冈	冂＋乂
站	立＋⺊＋口	角	角	风	风
第	⺮＋𢎘	色	色	舌	舌
弟	弟	负	⺈＋贝	从	人＋人＋一
黄	黄	辛	辛	侯	亻＋*＋矢
赤	赤	辞	舌＋辛 / 舌＋立＋十	育	*＋月
白	白	亲	立＋朩	弃	*＋廾
择	扌＋又＋龶	古	十＋口	流	氵＋*＋儿
轻	车＋𢀖	它	宀＋匕	祭	夕＋*＋示
圣	又＋土	韭	韭	舆	*＋车＋六
勺	勺	走	土＋龰	欠	欠
匀	勹＋冫	一	一	尔	⺈＋小

上表拆分结果表明，现行部件规范中存在着少数有待商榷之处，本书在遵循《规范》进行汉字拆分的基础上，针对个别部件做出了不同于规范的处理，且就部件的数量、划分，尤其是部分基础部件

的判定提出了些许建议。

1. 部分可做进一步拆分的部件

一些部件虽组配汉字能力强，但在其部件内部实则可以继续拆分，或拆为两个成字部件，或一个非成字部件一个成字部件，拆分后的对待关系明确。

如根据《规范》，汉字“朵”拆分为“几＋木”，那么部件“殳”可以看作由“几”和“又”构成，由此其所构字“没”既可以根据理据拆分成“氵＋殳”，也可以按照书写顺序拆分为“氵＋几＋又”，而且事实上，“几、又、殳”也都属于《规范》中列属的部件。但在实际教学操作中，对于此类具有包含关系的部件，在字形习得过程中，确实存在着容易混乱的问题。对学习者而言，汉字理据应该放在部件输入后的偏旁教学中进行如此的拆分学习，比如说在基础字的学习过程中，学习者在接触基础字“设”的字形时，首先认识到的是该字由三个部件“讠、几、又”构成，然后在字义理解字符学习中会进一步了解其中部件“几＋又”构成的“殳”具有表义功能，并构成系列相关汉字。也就是说在汉字习得过程中，字形系统中部件的清晰、简单、系统性最为重要。

类似的部件还有“去、辛、京、欠”等，从字理理据来看，作为整体列为部件均无问题，“去”《说文》：“从大，凵声。”表示人离开洞口或坑坎而去；“辛”据甲骨文，像古代刑刀；“京”甲骨文字形，像筑起的高丘形，上为耸起的尖端；“欠”小篆字形，下面是人（儿），上面像人呼出的气，像人张着口打哈欠。但如果单从书写形式来看，这些部件之间具有明显的分隔沟，有清晰的对待关系，而且汉字的基础部件之间存在包含关系（上边已提到）。如“辛”字虽被列为成字部件，但明显还可以看作是由两个基础部件“立”和“十”上下结构构成。从系统操作上来看，基础部件作为在平面上构成汉字的最小单位，彼此之间不应该存在平面结构上的包含层级关系。所以如果把“辛”作为整体对待，无疑会造成部件划分、拆分结果混乱的局面，因此对这类成字部件进行再拆分既可行又合理，同样情况的部件还有“黄、赤”“百”“角”等。再如部件“𠂉”直接构成的常用字只有“尔”和“欠”，根据《规范》，“欠”是基础部件，“尔”要再做拆分。事实上，如果“尔”和“欠”都拆分到基础部件，分为上下结构，在基础字一开始的学习阶段，由“欠”引出“尔”，强调部件的不同，可以让学习者充分认识到字形之间的差异，学会进行字形平面上同部位比较，如此更能体现部件的区别性特征，加深对部件系统的认识。所以如果删掉这类部件，不但可以减少部件数量，还有利于维护部件划分的系统性，便于操作利用。

2. 结构相同、划分标准不同的部件

观察“敲、餐、站”三字的拆分，结构相同的“支、歺、占”存在不同处理标准的问题，即根据《规范》，“支”和“歺”都是不再拆分的基础部件，但“占”则需继续拆分为“⺊+口”。“支”，《说文》“小擊也。从又卜聲”。甲骨文字形上面“棍或柴枝”下面“手”，表手执棍敲打之形。“占”，《说文》“視兆問也。从卜从口”，“歺”，《说文》“骨之殘也。从半冎”，表示敲碎的残骨。虽然从理据看，“歺”的象形整体性最强，作为完整部件很合理，但从字形平面结构来看，三者都是上下结构，都是由非成字部件“⺊”和成字部件“口”“又”“夕”构成，而且都具有表字义或字音的功能。因此是否可以考虑将三者做统一处理，以维护部件的系统性，因为如果孤立地从理据角度出发，未考虑相类似的处理方式，无疑会给教学及实际学习者造成分析混淆的障碍，让学习者不易根据系统规律对部件拆分和汉字书写做出正确判断，只能通过纯粹记忆来完成。再有，表中“择”和“轻”的右半部分，都是上下结构的表声偏旁，都是由一个成字部件和非成字部件构成，且形体极为接近，但在《规范》中二者划分的规则并不一致，前者被看作由两个部件组成，而后者被看作一个完整部件，所以是否可以从系统性出发考虑对其进行统一处理，如此既便于形近字的区分，也便于记忆、应用。类似的还有“弟”，该部件构成的常用字只有“弟”和“第”，二者结构相同，根据《规范》“弟”是成字部件不再拆分，“第”要拆分成“⺮+弟”。既然“弟”是“弟”省形，又已经是基础部件，为什么不将二者都拆分成两个部件，这样处理更加系统。再如“元”，按照《规范》，不是基础部件，是需要进行拆分的。因为“一”“二”“兀”“儿”都是基础部件，所以可能有两种拆分结果：一+兀/二+儿。考虑到相类似字“示”“云”都是不再拆分的基础部件，我们也将“元”列为基础部件，不再拆分。

其实对于这种不合系统性的现象，孔祥卿（2013）曾指出，如“乒乓／兵、欠／尔、风／冈、角色／负、老／考孝、仑／会、辛／亲、去／走、舌／古、穴／它”，“每一组字形结构都相同，按照《规范》前者是独立部件，后者是多部件组构的合体字，不符合系统性的原则”。所以，《规范》作为汉字教学重要的参考依据，应该重视部件划分标准的系统性，或微调部分内容或增加必要说明。

3. 部分可调整及遗漏的部件

“具”“直”在《规范》中都被列为基础部件，这应该是考虑到如果进一步拆分就会拆出一个不成字的部件“且”，但是，“真”字拆分就可能有两种结果：“直+八”或“十+具”。事实上，“具”“直”“真”三字中有一个共同的部件“且”，如果列“且”为基础部件，虽然增加一个不成字部件，但是可以减少两个成字部件，“具”“直”“真”三字都可以明确地拆分成“且+八”“十+且”“十+且+八”。

此外，还有4个汉字无法拆分，即所含部分部件未列入《规范》。它们分别是“祭”“舆”“育”“侯”。“祭”，从形体结构分析，可拆分为“夕 + 乁+ 示”，但“乁”在《规范》中并不存在，根据《规范》只能对这个部分拆分出两个单笔部件，但太多无意义的部件，会使部件分析失去意义。“舆”字根据《规范》，可顺利拆分出部件“车”和“冖”，但剩下部分怎么拆分？查看《规范》，“舆”出现在部件“E”的例字中，但是从字形看，“舆”的左上部“F”与“E”并不同形，右上部“彐”也不与任何一个已有的部件同形，因此应该增加部件“𦥑”。“育”（类似的还有“弃流疏梳”等）字中的“𠫓”与“云”是两个不同的部件，“𠫓”来自倒子之形，表示刚出生的孩子，是传统部件，但《规范》中没有这个部件，“育”字需要拆分成“亠+厶+月”，这样的拆分失去本有的理据，无助于字形和字义的理解识记，应该增加部件“𠫓”。“侯”字按照《规范》，可以拆分出“亻”

“矢”，剩下的部分不在基础部件表中，只能进一步拆分成两个笔画，这样的拆分显然没有意义，因此，应该增加部件“工”。

另外部件“艹（赍字腰）”与“艹（草字头）”形体上没有区别，可以归一处理，删除部件“艹（赍字腰）”。

根据上述分析，本书在具体拆分操作中，对《规范》中514个部件做了如下调整：“弟、欠、去、辛、京、角、色、具、直、乒、乓、风、老、仑、舌、穴、支、步、今、殳”不作为基础部件，都做进一步的拆分；增加基础部件“且”“乁”“具”“厶”“工”“元”；删除部件“艹（赍字腰）”。调整后的基础部件共计499个。

（三）部件的层级

部件组合汉字的类型可分为平面结构和层次结构两种。平面结构是两个或以上直接部件一次性组合成字，各部件处在同一层面，如“器”是五个部件在一个层次上直接组合成字；层次结构则是部件和部件分层次，组合成字，如“谓”是“田”和“月”组合成“胃”，“胃”再与“讠”组合成“谓”。

在对汉字进行拆分时，有的汉字作为整体不可拆分，有的汉字只可拆分一次，有的汉字可多次拆分，直到拆到基础部件为止。拆分出来的基础部件，我们称之为一级部件，由一级部件构成的部件为二级部件，由二级部件构成的部件为三级部件，由三级部件构成的部件为四级部件。

（四）部件的功能及判定原则

部件在组合构字中，承担表形、表义、示音、记号等功能，其中表形部件是古汉字特有的，记号部件的绝大多数是汉字隶变后产生的，表义部件、示音部件则是古汉字、现代汉字具有的。本研究以现代汉字为主，因此部件功能界定为表义、示音和记号三种情况。

对于部件的功能判定，遵循的具体原则是：①某个部件独立成字时的读音与所构字读音相比，如果韵母相同，听感接近，认定该部件具有示音功能；②某个部件在构字之初本充当表音成分，但由于语音演变，现代读音与所构字读音相差较远，在本体分析时仍将其列入声符范围，但属于零表音度。如“地”字，《说文·土部》“从土也声”，“也”的现代读音和“地”没有任何联系，将“地”字视为表音度为零的形声字；③某个部件作为义符的意义与所构字的基本义项有明显关联，如表义部件表明了所构字作为语素、词常用的意义类属和范围，或彼此之间密切相关的信息并为人们所理解，就认定该部件具有表义功能；④由于字义字音变化，现代楷书字形的某个部件与所构字的意义看不出任何联系，若追溯还原，易于理解，且字义发展脉络清晰，该部件看作具有表义功能。但如若追溯之后既不便于理解接受，还会增加记忆负担，在研究中视为表义度为零的义符，在教学中视为记号处理；⑤由于汉字形体演变，在讹变、省简、增繁等方式作用下，产生的部件不再表义或标音的，视为记号，如“丕（一）、奠（大）”；⑥在汉字简化过程中人为设定的简化符号，这类简化符号只是替代原有表义标音部件的符号，并无形体演变源头的，视为记号，如“权、邓、仪”；⑦某些部件在表面上看，无法与所构字的音义联系起来，但将部件所构相关汉字成系列观察，有理据可循的，认定该部件具有表义或示音功能。如“饿”中的成字部件“我”，单看跟所构字没有语音关联，但放置到系列汉字“俄峨饿娥鹅蛾”中，可以发现“我”具有示音作用；⑧对部分由于形体简化等字形变化所引起的原有理据消失，新的理据构成者，按现有理据进行分析判断其部件功能。如“衅”繁体字“釁”，原是会意字，从爨省（爨 cuàn：灶），从酉，与酒有关，表祭祀，分，表示分布，合起来表杀牲以祭。本义是古代血祭新制的器物。规范简化为“衅”，新义符“血”仍起表义功能，但“半”与字音字义无关，所以部件“半”视为记号；⑨某个部件的音或义，与所构字的音义无理据追寻，只是单纯的部件组合，该部件不具备表音或表义功能，所构字属于纯粹记号字，如“虽、个、各”等。

二、描写的具体方法和步骤

首先，将 3602 字按结构层次进行拆分，直到每个部分都拆到基础部件为止，然后根据拆分结果离析归纳出现代常用汉字中的基础部件，包括成字部件和不成字部件。然后以基础部件（即一级部件）

为首，按表义、示音和记号三类功能对所构字进行归类划分。由一级部件构成的字作为二级部件，再构成的字仍按表义、标音、记号三类排列，二级部件根据《GB13000.1 字符集汉字部首归部规范》，将其放在该部件所属部首部件之下，如“各、扇”，选择了“夂、户”而不是“口、羽”，如果两个结构成分都是部首，而其中一个更能体现构字层级的理据性，我们按照体系的统一性也是遵上述排列原则进行。三级、四级部件构成的字仍按此原则进行排列……直到把所有的字纳入一个表格内，形成现代常用汉字部件成字的谱系表。

另外，本研究对部件构字数的统计方法不同于《现代常用字部件及部件名称规范》，《规范》没有按照部件功能进行分类统计，是根据部件出现的频率次数通过计算机进行的构字数和出现数的统计。我们采取的统计方法主要是：将部件所构字数根据其功能，分为表义数、标音数、记号数三类，每级部件的三类构字数合为“构字数”，以一级部件为基础的二级、三级、四级构字数，合计共同构成基础部件的总构字数。值得特别提出的是关于二级、三级部件构字数的处理，因为考虑到为了避免二级、三级部件在部件数量统计以及表义数等分类构字数统计时的重复计算，所以在归属此类部件位置时，遵循的是上述提到的依部首而定，比如“名”由两个一级部件“夕”＋“口”构成，但作为二级部件，只在一级部件“夕”下列出了“名”。但在进行基础部件总构字数的统计时，又需要将二级部件、三级部件构字的数量都统计在相关的每个基础部件构字数量范围内。比如一级部件“夂”下列的二级部件“名”构字数为 1，那么在对一级部件“口”字进行总构字数的统计时，要将“名”的 1 统计在内。

第三节　现代汉字结构系统的描写

一、现代汉字的部件系统

本书在对3602字分析的基础上，参考各家相关研究成果，对现代常用汉字部件成字的谱系进行绘制，并统计每个基本部件的构字功能及能力，结构内容及数据见表1.2所示。(“( )”表示变体或非常用字)。

表 1.2　现代常用汉字部件系统

序号	一级部件	二级部件	三级部件	四级部件	表义数	标音数	记号数	构字数	总构字数
1	人（亻）				126	1	13	140	232
		以			0	2	0	2	
		今			0	5	1	6	
			令		0	14	0	14	
		化			1	3	1	5	
			华		0	2	0	2	
		付			0	4	0	4	
		伏			0	2	0	2	
		任			1	0	0	1	
		伐			0	2	0	2	
		保			0	2	0	2	
		侯			0	2	0	2	
		从			0	3	0	3	
		介			0	5	0	5	
		何			0	1	0	1	
		会			0	2	0	2	
		全			0	3	0	3	
		仓			0	8	0	8	
		（佥）			0	9	0	9	
		（俞）			0	7	0	7	
		舍			1	1	0	2	
		仑			0	5	0	5	
		余			0	5	0	5	

续表

序号	一级部件	二级部件	三级部件	四级部件	表义数	标音数	记号数	构字数	总构字数
2	口				149	3	20	173	213
		呈			0	2	0	2	
		可			2	6	0	8	
			阿		0	1	0	1	
			何		0	1	0	1	
		品			0	0	0	0	
			（喿）		0	6	0	6	
				澡	0	1	0	1	
		员			0	4	0	4	
		告			0	6	0	6	
		另			0	0	2	2	
			别		0	1	0	1	
		吴			0	3	0	3	
		虽			0	0	1	1	
		呆			0	1	0	1	
		（吅）			3	0	0	3	
3	手（扌）				200	0	0	200	212
		拜			0	1	0	1	
		拉			0	1	0	1	
		执			0	3	1	4	
		折			0	4	0	4	
		奉			0	2	0	2	
4	水（氵）				196	0	1	197	198
		活			0	1	0	1	
5	艹				127	0	5	132	168
		艾			0	1	0	1	
		莫			0	12	0	12	
		芒			0	1	0	1	

续表

序号	一级部件	二级部件	三级部件	四级部件	表义数	标音数	记号数	构字数	总构字数
5		若			0	2	0	2	168
		劳			0	3	0	3	
		荧			0	6	0	6	
		蒙			0	2	0	2	
		苗			0	4	0	4	
		（藋）			0	2	0	2	
		（荅）			0	3	0	3	
6	木				140	1	2	143	163
		林			3	4	0	7	
			禁		0	1	0	1	
			焚		0	1	0	1	
		相			0	5	0	5	
		桑			0	1	0	1	
		（桼）			0	2	0	2	
		查			0	3	0	3	
7	日				39	0	16	55	124
		曼			0	7	0	7	
		旦			0	5	1	6	
			（亶）		0	3	0	3	
		早			0	1	1	2	
		旱			0	3	0	3	
		昏			0	2	0	2	
		昌			0	3	0	3	
		星			0	3	0	3	
		晃			0	1	0	1	
		昔			0	9	1	10	
		（曷）			0	8	0	8	
		（昭）			0	1	0	1	
		明			1	1	0	2	
		景			0	1	0	1	

续表

序号	一级部件	二级部件	三级部件	四级部件	表义数	标音数	记号数	构字数	总构字数
7		暴			0	3	0	3	124
		昆			0	2	0	2	
		是			0	4	0	4	
		易			0	4	0	4	
		普			0	1	0	1	
		春			0	2	0	2	
		曾			0	4	0	4	
8	宀				53	0	1	54	122
		穴			19	0	0	19	
			空		1	1	0	2	
			窄		0	1	0	1	
		安			0	4	0	4	
		宁			0	4	0	4	
		定			0	3	0	3	
		完			0	2	0	2	
		宗			0	4	0	4	
		官			0	3	0	3	
		宛			0	4	0	5	
		容			0	4	0	4	
		宿			0	1	0	1	
		宾			0	3	0	3	
		它			0	4	0	4	
		审			0	1	0	1	
		宰			0	1	0	1	
		家			0	2	0	2	
		宣			0	2	0	2	
		寅			0	1	1	1	
		害			0	2	0	2	

续表

序号	一级部件	二级部件	三级部件	四级部件	表义数	标音数	记号数	构字数	总构字数
9	土				68	5	6	79	116
		（圭）			1	12	1	14	
			卦		0	1	0	1	
		（夌）			0	5	0	5	
		寺			1	6	0	7	
		坐			0	3	0	3	
		袁			0	1	0	1	
		塞			0	2	0	2	
		去			0	2	2	4	
10	心（忄、⺗）				103	2	3	108	112
		惠			0	1	0	1	
		念			0	1	0	1	
		总			0	1	0	1	
		快			0	1	0	1	
11	月/肉				83	0	4	87	106
		朋			0	5	0	5	
		（朕）			0	3	0	3	
		肴			0	1	0	1	
		胃			0	2	0	2	
		朝			0	2	0	2	
		骨			1	2	0	3	
		朔			0	2	0	2	
		肯			0	1	0	1	
12	言（讠）				82	1	0	83	83
13	（纟）				73	0	0	73	80
		约			0	2	0	2	
		经			0	5	0	5	

续表

序号	一级部件	二级部件	三级部件	四级部件	表义数	标音数	记号数	构字数	总构字数
14	又				7	0	29	36	75
		（𢀖）			0	4	0	4	
		圣			0	0	1	1	
		（臤）			1	2	0	3	
		难			0	3	0	3	
		双			0	0	2	4	
		友			1	0	0	1	
			（爰）		0	4	0	4	
		取			0	3	0	3	
			聚		0	1	0	1	
		叔			0	4	0	4	
		（犮）			0	2	0	2	
		（叟）			0	5	0	5	
		（𠬶）			0	2	0	2	
			侵		0	1	0	1	
		桑			0	1	0	1	
15	辶				66	0	1	67	73
		连			0	2	0	2	
		退			0	2	0	2	
		遂			0	1	0	1	
		遣			0	1	0	1	
16	女				60	0	1	61	71
		奴			0	2	0	2	
		如			0	2	0	2	
		姑			0	1	0	1	
		婴			0	2	0	2	
		妻			0	1	0	1	
		（妾）			0	2	0	2	

续表

序号	一级部件	二级部件	三级部件	四级部件	表义数	标音数	记号数	构字数	总构字数
17	金（钅）				66	2	0	68	68
18	火（灬）				53	1	6	60	67
		炎			0	5	0	5	
		然			0	1	0	1	
		庶			0	1	0	1	
19	亠				0	0	14	14	65
		亢			0	7	0	7	
		京			0	8	1	9	
		夜			0	2	0	2	
		享			0	3	2	5	
			郭		0	1	0	1	
			（孰）		0	1	0	1	
		市			0	1	0	2	
		市			0	2	0	2	
		卒			0	5	0	5	
		率			0	2	0	2	
		离			0	3	1	4	
		襄			0	5	0	5	
		（亨）			0	2	0	2	
		（囟）			0	2	0	2	
		（亶）			0	2	0	2	
20	立				7	5	5	17	58
		（音）			0	6	0	6	
		亲			0	1	0	1	
			新		0	1	0	1	
		音			3	2	0	5	
			竟		0	2	0	2	
		竞			0	1	0	1	

续表

序号	一级部件	二级部件	三级部件	四级部件	表义数	标音数	记号数	构字数	总构字数
20			章		0	4	0	4	58
		童			0	3	0	3	
		辛			5	1	0	6	
			辟		0	8	0	8	
			辩		0	4	0	4	
21	禾				35	1	1	37	56
		香			1	0	0	1	
		秋			0	4	0	4	
		科			0	1	0	1	
		秀			0	4	0	4	
		委			0	3	0	2	
			魏		0	1	0	1	
		利			0	6	0	6	
22	广				20	4	5	29	55
		康			0	2	0	2	
		庄			0	3	0	3	
		库			0	1	0	1	
		店			0	2	0	2	
		府			0	2	0	2	
		庶			0	0	2	2	
			度		0	3	0	3	
		麻			0	5	0	5	
			磨		0	1	0	1	
		廉			0	1	0	1	
		庚			0	1	0	1	
			唐		0	3	0	3	

续表

序号	一级部件	二级部件	三级部件	四级部件	表义数	标音数	记号数	构字数	总构字数
23	刀（刂、⺈）				37	1	1	39	54
		切			0	3	0	3	
		刑			0	1	0	1	
		列			0	2	0	2	
		刷			0	1	0	1	
		召			0	8	0	8	
24	贝				37	1	2	40	54
		贱			0	1	0	1	
		则			0	4	0	4	
		责			0	2	0	2	
		贵			0	3	0	3	
		赞			0	1	0	1	
		贯			0	1	0	1	
		赖			0	2	0	2	
25	龰				2	0	1	3	54
		足（⻊）			33	2	0	35	
		走			11	0	0	11	
		（疋/⺪）			0	3	1	4	
			疏		0	1	0	1	
26	虫				48	1	4	53	53
27	十				6	2	6	14	50
		古			0	10	1	11	
			故		0	0	1	1	
			胡		0	4	0	4	
		克			0	0	1	1	

续表

序号	一级部件	二级部件	三级部件	四级部件	表义数	标音数	记号数	构字数	总构字数
27		支			1	7	0	8	50
		真			0	5	0	5	
			颠		0	1	0	1	
		孛			0	4	0	4	
			勃		0	1	0	1	
28	（⺮）				46	0	0	46	46
29	山				30	1	5	36	43
		崩			0	1	0	1	
		岛			0	1	0	1	
		岂			0	0	1	1	
		崔			0	2	0	2	
		岁			0	1	0	1	
		炭			0	1	0	1	
30	尸				17	0	10	27	43
		尼			0	3	0	3	
		居			0	2	0	2	
		屈			0	4	0	4	
		展			0	2	0	2	
		属			0	2	0	2	
		刷			0	1	0	1	
		屋			0	1	0	1	
		殿			0	0	1	1	
31	石				42	1	0	43	43
32	阝				36	0	0	36	43
		队			0	1	0	1	
		阿			0	1	0	1	
		隋			0	4	0	4	
		隆			0	1	0	1	

续表

序号	一级部件	二级部件	三级部件	四级部件	表义数	标音数	记号数	构字数	总构字数
33	目				31	1	6	38	40
		眉			0	1	0	1	
		盾			0	1	0	1	
34	玉（王）				33	4	0	37	40
		（玨）			1	0	2	3	
35	力				25	5	3	33	38
		加			0	5	0	5	
36	疒				36	0	0	36	37
		疾			0	1	0	1	
37	犬（犭）				33	0	4	37	37
38	几				2	5	8	15	36
		朵			0	4	0	4	
		（殳）			11	1	2	14	
			段		0	2	0	2	
			般		0	1	0	1	
39	攵				25	0	1	26	35
		敝			0	3	0	3	
		敬			0	2	0	2	
		敢			0	2	0	2	
		散			0	1	0	1	
		敦			0	1	0	1	
40	⺌				0	1	2	3	35
		肖			0	13	0	13	
		当			0	3	0	3	
		尚			0	13	0	13	
			尝		0	1	0	1	
			掌		0	1	0	1	
			堂		0	1	0	1	

续表

序号	一级部件	二级部件	三级部件	四级部件	表义数	标音数	记号数	构字数	总构字数
41	米				19	4	2	25	32
		娄			0	6	0	6	
		迷			0	1	0	1	
42	田				14	0	9	23	32
		男			2	0	0	2	
		思			0	1	0	1	
		胃			0	2	0	2	
		畏			0	2	0	2	
		累			0	2	0	2	
43	车				27	0	0	27	32
		斩			1	4	0	4	
44	厶				0	2	9	11	31
		参			0	3	0	3	
		台			0	9	0	9	
		允			0	1	0	1	
		县			0	1	0	1	
		（夋）			0	6	0	6	
45	八				2	1	4	7	31
		分			4	8	0	12	
		只			0	4	0	4	
		典			0	1	0	1	
		公			0	6	0	6	
			翁		0	1	0	1	
46	夂				0	0	6	6	31
		各			0	12	0	12	
			路		0	1	0	1	
			洛		0	1	0	1	
		条			0	1	0	1	
		冬			0	2	1	3	

续表

序号	一级部件	二级部件	三级部件	四级部件	表义数	标音数	记号数	构字数	总构字数
46		务			0	1	0	1	31
		备			0	1	0	1	
		（夆）			0	4	0	4	
			逢		0	1	0	1	
47	隹				10	11	4	25	31
		焦			0	4	0	4	
		（醮）			0	1	0	1	
		（隽）			0	0	1	1	
48	大				6	1	12	19	31
		夸			0	4	0	4	
		奇			0	6	0	6	
		奈			0	1	0	1	
		美			1	0	0	1	
49	儿				9	0	1	10	30
		允			0	1	1	2	
			充		0	1	0	1	
		兄			0	1	4	5	
			兑		0	7	0	7	
		先			0	4	1	5	
50	衣（衤 𧘇）				26	2	0	28	28
51	巾				16	0	6	22	28
		带			0	1	0	1	
		帝			0	4	0	4	
		希			0	1	0	1	
52	方				0	11	0	11	27
		（㔫）			0	2	0	2	
		（㫃）			3	0	1	4	
			族		0	1	0	1	
			旋		0	1	0	1	
		旁			0	7	0	7	

续表

序号	一级部件	二级部件	三级部件	四级部件	表义数	标音数	记号数	构字数	总构字数
53	⺈				0	0	3	3	27
		（刍）			0	3	1	4	
			急		0	0	1	1	
				隐	0	2	0	2	
		（产）			0	0	2	2	
			詹		0	3	0	3	
			危		0	4	0	4	
		色			1	0	1	2	
		角			2	1	1	4	
			解		0	2	0	2	
54	页				26	0	0	26	26
55	寸				8	2	6	16	26
		尉			0	2	0	2	
		尊			0	2	0	2	
		寿			0	5	0	5	
		对			0	0	1	1	
56	耂				0	2	1	3	26
		孝			0	3	0	3	
		者			0	12	0	12	
			署		0	2	0	2	
		考			0	3	0	3	
		老			0	1	0	1	
			（耆）		0	2	0	2	
57	马				22	4	0	26	26
58	彳				24	0	0	24	26
		行			1	1	0	1	
		征			0	1	0	1	
59	门				14	5	1	20	24
		闰			0	1	0	1	
		间			0	2	0	2	
		阁			0	1	0	1	

续表

序号	一级部件	二级部件	三级部件	四级部件	表义数	标音数	记号数	构字数	总构字数
60	勹				0	0	5	5	24
		勾			0	4	0	4	
		句			0	5	0	5	
		（匋）			0	4	0	4	
		匀			0	3	0	3	
		旬			0	3	0	3	
61	囗				13	0	2	15	24
		因			0	5	0	5	
		困			0	1	0	1	
		回			0	3	0	3	
62	止				5	6	2	13	24
		齿			1	0	0	1	
		此			1	3	0	4	
		卸			1	0	0	1	
		步			2	0	0	2	
			频		0	1	0	1	
63	⺊				3	0	2	5	24
		占			0	10	1	11	
		贞			0	1	0	1	
		卢			0	1	0	1	
		卓			0	4	0	4	
		歺			0	0	0	0	
			（叔）		0	1	0	1	
		攴			1	0	0	1	
64	爪（爫）				5	1	2	8	23
		采			0	4	0	4	
		舀			0	3	0	3	
		妥			0	1	0	1	
		受			0	1	0	1	
		（孚）			1	4	0	5	
		爵			0	1	0	1	

续表

序号	一级部件	二级部件	三级部件	四级部件	表义数	标音数	记号数	构字数	总构字数
65	艮				0	11	2	13	23
		良			0	8	0	8	
			郎		0	2	0	2	
66	雨				16	0	1	17	23
		需			0	4	0	4	
		雷			0	2	0	2	
67	匕				1	2	5	8	23
		顷			0	2	0	2	
		北			0	1	0	1	
		旨			0	2	0	2	
		比			2	5	0	7	
			皆		0	3	0	3	
68	工				2	13	2	17	23
		巧			0	1	0	1	
		式			0	2	0	2	
		差			0	1	0	1	
		巩			0	1	1	1	
		巫			0	1	1	1	
69	𠂉				0	0	2		23
		尔			0	2	0		
		欠			12	0	4		
			次		0	3	0		
70	皿				12	1	1	14	21
		益			0	2	0	2	
		监			0	5	0	5	
71	匚				9	0	0	9	21
		匡			0	3	0	3	
		区			0	7	0	7	
		（匝）			1	1	0	2	

续表

序号	一级部件	二级部件	三级部件	四级部件	表义数	标音数	记号数	构字数	总构字数
72	食（饣）				20	1	0	21	21
73	羊（⺷）（⺶）				7	9	3	19	21
		羔			1	1	0	2	
74	冫				17	0	3	20	20
75	子				12	4	1	17	20
		孔			0	1	0	1	
		孙			0	1	0	1	
		孟			0	1	0	1	
76	白				1	9	2	12	19
		皇			0	4	0	4	
		（敫）			0	3	0	3	
77	𠂇				5	0	1	6	19
		有			0	2	0	2	
		右			0	1	1	2	
			若		0	2	0	2	
		左			0	1	0	1	
		在			0	1	0	1	
		友			1	0	0	1	
		灰			0	4	0	4	
78	厂				9	0	3	12	19
		原			0	2	0	2	
		历			0	2	0	2	
		厉			0	1	0	1	
		厨			0	1	0	1	
		厌			0	1	0	1	
79	巳				0	2	6	8	19
		巷			0	1	0	1	
		包			0	10	0	10	

续表

序号	一级部件	二级部件	三级部件	四级部件	表义数	标音数	记号数	构字数	总构字数
80	士				1	1	7	9	19
		壮			0	1	0	1	
		吉			0	4	0	4	
		壴			3	0	0	3	
		喜			0	2	0	2	
81	酉				19	0	0	19	19
82	示（礻）				18	0	0	18	19
		祭			0	1	0	0	
83	鸟				17	0	1	18	18
84	甫				0	8	0	8	18
		尃			0	6	0	6	
		浦			0	1	0	1	
			蒲		0	2	0	2	
		（匍）			0	1	0	1	
85	㔾				0	0	3	3	18
		危			0	4	0	4	
		卷			0	5	0	5	
		夗			0	4	0	4	
		（厄）			0	1	1	2	
86	斤				8	4	1	13	18
		欣			0	2	0	2	
		析			0	1	0	1	
		斯			0	2	0	2	
87	户				2	7	0	9	18
		扇			0	1	0	1	
		扁			0	8	0	8	
88	阝				14	0	0	14	17
		那			0	3	0	3	

续表

序号	一级部件	二级部件	三级部件	四级部件	表义数	标音数	记号数	构字数	总构字数
89	冃				0	0	6	6	17
		青			0	9	0	9	
		能			1	0	0	1	
		（胥）			0	1	0	1	
90	丷				0	0	7	7	17
		兰			0	3	0	3	
		并			0	4	0	4	
		关			0	2	0	2	
			郑		0	1	0	1	
91	戈				10	0	2	12	17
		戒			0	2	0	2	
		或			0	2	0	2	
		戎			0	1	0	1	
92	千				0	3	3	6	17
		舌			3	3	5	11	
93	耳				11	1	2	14	16
		聂			0	2	0	2	
94	弓				10	2	0	12	16
		引			0	1	0	1	
		张			0	1	0	1	
		弯			0	1	0	1	
		弱			1	0	0	1	
95	生				0	7	1	8	16
96	彡				10	2	0	12	16
		彭			0	1	0	1	
		（参）			0	3	0	3	

续表

序号	一级部件	二级部件	三级部件	四级部件	表义数	标音数	记号数	构字数	总构字数
97	文				2	4	3	9	15
		刘			0	1	0	1	
		（闵）			0	1	0	1	
		齐			0	4	0	4	
98	矢				6	4	0	10	15
		矣			0	3	0	3	
		知			0	1	0	1	
		疑			1	0	0	1	
99	习				0	0	1	1	15
		羽			8	0	2	10	
			（扇）		0	2	0	2	
			（翏）		0	1	1	2	
100	罒				6	0	3	9	15
		罗			0	5	0	5	
		罢			0	1	0	1	
101	冖				2	0	5	7	14
		冗			0	0	2	2	
		军			0	4	0	4	
		写			0	1	0	1	
102	兀				2	0	0	2	14
		光			2	2	0	4	
		尧			0	8	0	8	
103	冂				0	0	5	5	13
		冈			0	4	0	4	
		同			0	4	0	4	
104	母				0	4	0	4	13
		每			0	8	0	8	
			敏		0	0	1	1	

续表

序号	一级部件	二级部件	三级部件	四级部件	表义数	标音数	记号数	构字数	总构字数
105	一				3	0	1	4	13
		（亘）			0	2	0	2	
		（畐）			0	7	0	7	
106	干				0	11	2	13	13
107	高				1	9	0	10	13
		豪			0	2	0	2	
		亭			0	1	0	1	
108	见				6	3	0	9	13
		览			0	3	0	3	
		觉			0	1	0	1	
109	夭				0	4	2	6	13
		乔			0	7	0	7	
110	丷				0	0	4	4	13
		（佥）			0	9	0	9	
111	牛				12	0	0	12	12
112	其				0	7	2	9	12
		甚			0	3	0	3	
113	廴				3	0	0	3	12
		廷			0	4	0	4	
		延			0	3	0	3	
		建			0	2	0	2	
114	糸				9	0	0	11	12
		索			0	1	0	1	
115	覀				0	3	3	6	12
		要			0	1	0	1	
		票			0	3	0	3	
		覃			0	2	0	2	

续表

序号	一级部件	二级部件	三级部件	四级部件	表义数	标音数	记号数	构字数	总构字数
116	鱼				10	1	1	12	12
117	夕				4	0	2	6	12
		名			0	1	0	1	
		多			2	3	0	5	
118	非				3	8	1	12	12
119	六				1	0	1	1	12
		交			0	10	0	10	
		冥			0	1	0	1	
120	不				2	6	0	8	11
		丕			0	3	0	3	
121	厂				0	0	3	3	11
		反			0	8	0	8	
122	幺				1	2	2	5	11
		玄			0	3	1	4	
			畜		0	1	0	1	
		幼			0	1	0	1	
123	皮				1	10	0	11	11
124	且				1	9	0	10	11
		助			0	1	0	1	
125	丁				0	7	3	10	10
126	巴				0	10	0	10	10
127	歹				7	0	1	8	10
		死			2	0	0	2	
128	鬼				4	5	1	10	10
129	由				0	8	2	10	10
130	用				0	2	0	2	10
		（甬）			0	8	0	8	

续表

序号	一级部件	二级部件	三级部件	四级部件	表义数	标音数	记号数	构字数	总构字数
131	舟				10	0	0	10	10
132	天				0	2	4	6	10
		（忝）			0	2	0	2	
		奏			0	2	0	2	
133	少				2	6	0	8	10
		沙			0	2	0	2	
134	龙				1	7	2	10	10
135	免				0	5	1	6	10
		免			0	2	0	2	
		兔			2	0	0	2	
136	龷				0	0	3	3	10
		共			0	6	0	6	
		兴			0	0	1	1	
137	且				0	0	2	2	10
		直			1	4	0	5	
		具			0	2	0	2	
138	丬				0	3	1	4	9
		酱			0	1	0	1	
			将		0	4	0	4	
139	合				0	9	0	9	9
140	正				1	6	1	8	9
		焉			0	1	0	1	
141	乙				1	3	1	5	9
		乞			0	3	1	4	
142	虍				1	4	0	5	9
		虎			1	1	0	2	
		虑			0	1	0	1	
		虚			0	1	0	1	

续表

序号	一级部件	二级部件	三级部件	四级部件	表义数	标音数	记号数	构字数	总构字数
143	卜				3	5	1	9	9
144	甘				1	3	2	6	9
		某			0	3	0	3	
145	臼				1	1	1	3	9
		（臽）			0	6	0	6	
146	中				0	7	2	9	9
147	丘				1	1	1	3	9
		兵			0	4	0	4	
		乒			0	0	0	0	
		乓			0	0	0	0	
148	卩				3	0	3	6	8
		即			0	2	0	2	
149	昜				0	6	0	6	8
		汤			0	2	0	2	
150	半				0	7	1	8	8
151	革				7	0	1	8	8
152	豆				2	3	3	8	8
153	而				1	0	3	4	8
		（耑）			0	4	0	4	
154	癶				0	0	2	2	8
		登			0	5	0	5	
		癸			0	1	0	1	
155	己				0	6	2	8	8
156	凵				0	0	3	3	8
		凶			0	3	0	3	
			匈		0	1	0	1	
		函			0	1	0	1	

续表

序号	一级部件	二级部件	三级部件	四级部件	表义数	标音数	记号数	构字数	总构字数
157	𠂉				0	0	6	6	8
		复			0	2	0	2	
158	内				0	3	0	3	8
		丙			0	5	0	5	
159	曰				1	0	2	3	8
		（沓）			0	1	0	1	
		冒			0	1	0	1	
		曹			0	3	0	3	
160	䒑				0	0	2	2	8
		前			0	3	0	3	
		兹			0	3	0	3	
161	里				1	5	2	8	8
162	至				4	3	0	7	8
		到			0	1	0	1	
163	⺇				0	0	3	3	8
		风			2	3	0	5	
164	乃				0	3	3	6	7
		（隽）			0	1	0	1	
165	辰				0	6	0	6	7
		辱			0	1	0	1	
166	斗				4	3	0	7	7
167	上				0	1	0	1	7
		赤			0	2	0	2	
		叔			0	4	0	4	
168	申				1	6	0	7	7
169	气				6	1	0	7	7
170	丂				1	3	0	4	7
		亏			1	1	1	3	

续表

序号	一级部件	二级部件	三级部件	四级部件	表义数	标音数	记号数	构字数	总构字数
171	云				0	3	4	7	7
172	⺆				0	0	1	1	7
		周			0	6	0	6	
173	亡				0	7	0	7	7
174	韦				2	5	0	7	7
175	我				0	7	0	7	7
176	戌				1	0	0	1	7
		咸			0	4	0	4	
			感		0	2	0	2	
177	牙				1	6	0	7	7
178	主				0	7	0	7	7
179	[illegible]				0	0	0	0	7
		（尞）			0	7	0	7	
180	乂				0	0	5	5	7
		（爻）			0	1	0	1	
		杀			0	1	0	1	
181	[illegible]				0	0	2	2	6
		弟			0	4	0	4	
182	小				4	0	2	6	6
183	乛				0	0	1	1	6
		买			1	0	0	1	
			卖		0	4	0	4	
184	丰				1	2	0	3	6
		邦			0	3	0	3	
185	卯				0	5	1	6	6
186	谷				2	4	0	6	6
187	瓜				3	3	0	6	6
188	果				0	5	1	6	6
189	亥				0	6	0	6	6

续表

序号	一级部件	二级部件	三级部件	四级部件	表义数	标音数	记号数	构字数	总构字数
190	采				2	0	0	2	6
		悉			0	1	0	1	
		番			0	3	0	3	
191	廾				5	0	1	6	6
192	平				0	5	0	5	6
		苹			0	1	0	1	
193	川 / 巛				0	4	1	5	6
		巢			0	1	0	1	
194	九				0	5	1	6	6
195	勺				0	5	1	6	6
196	巨				0	6	0	6	6
197	⺕				0	0	1	1	6
		录			0	5	0	5	
198	毛				5	1	0	6	6
199	屯				0	6	0	6	6
200	争				0	6	0	6	6
201	身				4	0	1	5	6
		射			0	0	1	1	
202	乚				0	2	4	6	6
203	彐				0	0	6	6	6
204	尤				2	4	0	6	6
205	禺				0	5	0	5	6
		耦			0	1	0	1	
206	予				0	6	0	6	6
207	聿				1	3	2	6	6
208	乍				1	5	0	6	6
209	㐄				0	0	3	3	6
		（粦）			0	2	0	2	
		舜			0	1	0	1	

续表

序号	一级部件	二级部件	三级部件	四级部件	表义数	标音数	记号数	构字数	总构字数
210	𠂎				0	0	2	2	6
		留			0	4	0	4	
211	才				1	3	1	5	5
212	长				0	5	0	5	5
213	自				0	1	2	3	5
		阜			0	1	0	1	
		薛			0	1	0	1	
214	丑				0	3	1	4	5
215	更				1	3	0	4	5
		便			0	1	0	1	
216	黑				3	2	0	5	5
217	奂				0	5	0	5	5
218	夹				0	5	0	5	5
219	甲				0	5	0	5	5
220	兼				0	5	0	5	5
221	戋				0	5	0	5	5
222	耒				4	0	0	4	5
		（耤）			0	1	0	1	
223	了				0	2	1	3	5
		亨			0	2	0	2	
224	元				0	5	0	5	5
225	刃				0	3	2	5	5
226	𠅃				0	0	1	1	5
		（商）			0	4	0	4	
227	豕				4	0	1	5	5
228	氏				0	1	1	2	5
		（氐）			0	3	0	3	

续表

序号	一级部件	二级部件	三级部件	四级部件	表义数	标音数	记号数	构字数	总构字数
229	世				0	1	1	2	5
		枼			0	3	0	3	
230	央				0	5	0	5	5
231	也				0	5	0	5	5
232	五				0	2	0	2	5
		吾			0	3	0	3	
233	亦				0	5	0	5	5
234	尹				1	2	0	2	5
		君			0	3	0	3	
235	兆				0	5	0	5	5
236	自				1	2	0	3	5
		臭			1	0	0	1	
		息			0	1	0	1	
237	单				0	5	0	5	5
238	㇆				0	0	3	3	5
		成			0	2	0	2	
239	戋				0	4	1	0	5
240	刂				0	0	3	3	5
		师			0	2	0	2	
241	彐				0	0	5	5	5
242	肃				0	3	0	3	4
		萧			0	1	0	1	
243	出				0	4	0	4	4
244	垂				0	4	0	4	4
245	束				3	1	0	4	4
246	册				2	0	0	2	4
		删			0	2	0	2	

续表

序号	一级部件	二级部件	三级部件	四级部件	表义数	标音数	记号数	构字数	总构字数
247	卑				0	4	0	4	4
248	𡗗				0	0	4	4	4
249	末				0	4	0	4	4
250	卬				1	3	0	4	4
251	⿵冂米				0	0	2	2	4
		奥			0	2	0	2	
252	电				0	0	0	0	4
		（奄）			0	4	0	4	
253	夫				1	3	0	4	4
254	弗				0	4	0	4	4
255	父				3	1	0	4	4
256	及				0	4	0	4	4
257	凡				0	2	2	4	4
258	旡				0	0	1	1	4
		既			0	3	0	3	
259	冘				0	4	0	4	4
260	开				0	3	1	4	4
261	失				0	4	0	4	4
262	井				0	3	1	4	4
263	勿				0	3	1	4	4
264	氺				0	0	4	4	4
265	司				0	4	0	4	4
266	未				0	4	0	4	4
267	矛				0	2	0	2	4
		柔			0	2	0	2	
268	于				0	4	0	4	4
269	龹				0	4	0	4	4

续表

序号	一级部件	二级部件	三级部件	四级部件	表义数	标音数	记号数	构字数	总构字数
270	丬				1	0	0	1	4
		北			1	1	1	3	
271	朱				0	4	0	4	4
272	豸				2	0	0	2	4
		豹			0	1	0	1	
		貌			0	1	0	1	
273	龷				0	0	4	4	4
274	夬				0	4	0	4	4
275	丿丨				0	0	4	4	4
276	两				0	2	0	2	4
		（满）			0	2	0	2	
277	卂				0	3	0	3	3
278	⿱龶万				0	0	0	0	3
		（敖）			1	2	0	3	
279	弋				0	0	3	3	3
280	必				0	3	0	3	3
281	产				0	1	0	1	3
		（彦）			0	2	0	2	
282	二				1	0	1	2	3
		贰			0	1	0	1	
283	镸				2	0	0	2	3
		（髟）			1	0	0	1	
284	发				0	3	0	3	3
285	斥				0	1	1	2	3
286	赤				0	2	0	2	3
287	东				0	2	1	3	3
288	缶				3	0	0	3	3

续表

序号	一级部件	二级部件	三级部件	四级部件	表义数	标音数	记号数	构字数	总构字数
289	东				0	0	3	3	3
290	瓦				3	0	0	3	3
291	义				0	3	0	3	3
292	亚				0	2	1	3	3
293	象				1	2	0	3	3
294	片				3	0	0	3	3
295	壬				0	2	1	3	3
296	黄				0	3	0	3	3
297	艮				0	3	0	3	3
298	久				0	3	0	3	3
299	专				0	3	0	3	3
300	丶				0	0	3	3	3
301	[illegible]				0	0	3	3	3
302	刂				0	0	3	3	3
303	囟				0	0	3	3	3
304	[illegible]				0	0	3	3	3
305	丩				0	3	0	3	3
306	永				0	2	1	3	3
307	业				0	0	2	2	3
		显			0	1	0	1	
308	朮				0	0	1	1	3
		（㐬）			0	0	2	2	
309	[illegible]				0	0	3	3	3
310	亅				0	0	3	3	3
311	[illegible]				0	0	3	3	3
312	咢				0	3	0	3	3
313	[illegible]				0	0	2	2	2

续表

<table>
<tr><th>序号</th><th>一级部件</th><th>二级部件</th><th>三级部件</th><th>四级部件</th><th>表义数</th><th>标音数</th><th>记号数</th><th>构字数</th><th>总构字数</th></tr>
<tr><td>314</td><td>叚</td><td></td><td></td><td></td><td>0</td><td>2</td><td>0</td><td>2</td><td>2</td></tr>
<tr><td>315</td><td>民</td><td></td><td></td><td></td><td>1</td><td>1</td><td>0</td><td>2</td><td>2</td></tr>
<tr><td>316</td><td>亦</td><td></td><td></td><td></td><td>0</td><td>2</td><td>0</td><td>2</td><td>2</td></tr>
<tr><td>317</td><td>丈</td><td></td><td></td><td></td><td>0</td><td>2</td><td>0</td><td>2</td><td>2</td></tr>
<tr><td>318</td><td>内</td><td></td><td></td><td></td><td>0</td><td>0</td><td>2</td><td>2</td><td>2</td></tr>
<tr><td>319</td><td>㠯</td><td></td><td></td><td></td><td>0</td><td>0</td><td>2</td><td>2</td><td>2</td></tr>
<tr><td>320</td><td>堇</td><td></td><td></td><td></td><td>0</td><td>2</td><td>0</td><td>2</td><td>2</td></tr>
<tr><td rowspan="2">321</td><td>叀</td><td></td><td></td><td></td><td>1</td><td>0</td><td>0</td><td>1</td><td rowspan="2">2</td></tr>
<tr><td></td><td>惠</td><td></td><td></td><td>0</td><td>1</td><td>0</td><td>1</td></tr>
<tr><td rowspan="2">322</td><td>重</td><td></td><td></td><td></td><td>0</td><td>1</td><td>0</td><td>1</td><td rowspan="2">2</td></tr>
<tr><td></td><td>董</td><td></td><td></td><td>0</td><td>1</td><td>0</td><td>1</td></tr>
<tr><td rowspan="2">323</td><td>冖</td><td></td><td></td><td></td><td>0</td><td>0</td><td>1</td><td>1</td><td rowspan="2">2</td></tr>
<tr><td></td><td>夏</td><td></td><td></td><td>0</td><td>1</td><td>0</td><td>1</td></tr>
<tr><td>324</td><td>夂</td><td></td><td></td><td></td><td>0</td><td>0</td><td>2</td><td>2</td><td>2</td></tr>
<tr><td>325</td><td>九</td><td></td><td></td><td></td><td>2</td><td>0</td><td>0</td><td>2</td><td>2</td></tr>
<tr><td>326</td><td>之</td><td></td><td></td><td></td><td>0</td><td>1</td><td>1</td><td>2</td><td>2</td></tr>
<tr><td>327</td><td>州</td><td></td><td></td><td></td><td>0</td><td>2</td><td>0</td><td>2</td><td>2</td></tr>
<tr><td>328</td><td>屰</td><td></td><td></td><td></td><td>0</td><td>2</td><td>0</td><td>2</td><td>2</td></tr>
<tr><td rowspan="2">329</td><td>立</td><td></td><td></td><td></td><td>0</td><td>0</td><td>1</td><td>1</td><td rowspan="2">2</td></tr>
<tr><td></td><td>（啬）</td><td></td><td></td><td>0</td><td>1</td><td>0</td><td>1</td></tr>
<tr><td>330</td><td>𠂤</td><td></td><td></td><td></td><td>1</td><td>0</td><td>1</td><td>2</td><td>2</td></tr>
<tr><td>331</td><td>乇</td><td></td><td></td><td></td><td>0</td><td>2</td><td>0</td><td>2</td><td>2</td></tr>
<tr><td>332</td><td>𠂉</td><td></td><td></td><td></td><td>2</td><td>0</td><td>0</td><td>2</td><td>2</td></tr>
<tr><td>333</td><td>戊</td><td></td><td></td><td></td><td>1</td><td>1</td><td>0</td><td>2</td><td>2</td></tr>
<tr><td>334</td><td>串</td><td></td><td></td><td></td><td>0</td><td>2</td><td>0</td><td>2</td><td>2</td></tr>
<tr><td>335</td><td>丸</td><td></td><td></td><td></td><td>0</td><td>0</td><td>2</td><td>2</td><td>2</td></tr>
<tr><td>336</td><td>三</td><td></td><td></td><td></td><td>0</td><td>0</td><td>2</td><td>2</td><td>2</td></tr>
</table>

续表

序号	一级部件	二级部件	三级部件	四级部件	表义数	标音数	记号数	构字数	总构字数
337	㇇				0	0	2	2	2
338	丙				0	2	0	2	2
339	本				1	1	0	2	2
340	百				0	1	1	2	2
341	办				0	2	0	2	2
342	叉				0	2	0	2	2
343	臣				2	0	0	2	2
344	丞				0	2	0	2	2
345	尺				0	1	0	1	2
346	帛				2	0	0	2	2
347	疌				0	2	0	2	2
348	鬲				1	1	0	2	2
349	来				0	2	0	2	2
350	乐				0	2	0	2	2
351	与				0	1	1	2	2
352	农				0	2	0	2	2
353	七				0	0	2	2	2
354	求				0	2	0	2	2
355	丨				1	0	1	2	2
356	术				0	2	0	2	2
357	束				0	1	1	2	2
358	太				0	2	0	2	2
359	万				0	2	0	2	2
360	乌				0	2	0	2	2
361	无				0	2	0	2	2
362	下				0	2	0	2	2
363	向				0	2	0	2	2

续表

序号	一级部件	二级部件	三级部件	四级部件	表义数	标音数	记号数	构字数	总构字数
364	血				1	1	0	2	2
365	夷				0	2	0	2	2
366	豖				0	2	0	2	2
367	𠂎				1	0	1	2	2
368	⺀				0	0	2	2	2
369	尸				0	0	2	2	2
370	艮				0	0	0	2	2
371	𧰨				0	0	0	2	2
372	𠫓				2	0	0	2	2
373	卪				0	0	2	2	2
374	疋				0	0	1	1	1
375	丏				0	1	0	1	1
376	柬				0	0	0	0	1
		（阑）			0	1	0	1	
377	后				0	1	0	1	1
378	乎				0	1	0	1	1
379	肉				0	1	0	1	1
380	刁				0	1	0	1	1
381	头				0	0	1	1	1
382	南				1	0	0	1	1
383	面				0	1	0	1	1
384	匆				0	1	0	1	1
385	隶				0	1	0	1	1
386	卵				1	0	0	1	1
387	史				0	1	0	1	1
388	吏				0	1	0	1	1
389	𠀋				0	0	1	1	1

续表

序号	一级部件	二级部件	三级部件	四级部件	表义数	标音数	记号数	构字数	总构字数
390	首				0	1	0	1	1
391	丯				0	0	1	1	1
392	丹				1	0	0	1	1
393	为				0	1	0	1	1
394	兴				1	0	0	1	1
395	禹				0	0	1	1	1
396	午				0	1	0	1	1
397	凹				0	0	0	1	1
398	戊				0	1	0	1	1
399	鼎				0	0	0	1	1
400	庸				0	0	0	1	1
401	承				0	0	0	1	1
402	秉				0	0	0	1	1
403	再				0	0	0	1	1
404	鹿				0	0	0	1	1
405	丫				0	0	0	1	1
406	熏				0	0	0	1	1
407	韭				0	0	0	1	1
408	兜				0	0	0	1	1
409	年				0	0	0	1	1
410	飞				0	0	0	1	1
411	冉				0	0	0	1	1
412	四				0	0	0	1	1
413	么				0	0	0	1	1
414	事				0	0	0	1	1
415	甩				0	0	0	1	1
416	卡				0	0	0	1	1

续表

序号	一级部件	二级部件	三级部件	四级部件	表义数	标音数	记号数	构字数	总构字数
417	乡				0	0	0	1	1
418	卫				0	0	0	1	1
419	凸				0	0	0	1	1
420	入				0	0	0	1	1
421	龟				0	0	0	1	1
422	已				0	0	0	1	1
423	书				0	0	0	1	1
424	卤				0	0	0	1	1
425	丽				0	0	0	1	1
426	个				0	0	0	1	1
427	曲				0	0	0	1	1
428	伞				0	0	0	1	1
429	升				0	0	0	1	1
430	严				0	0	0	1	1
431	互				0	0	0	1	1
432	丝				0	0	0	1	1
433	竹				0	0	0	1	1
434	曳				0	0	0	1	1
435	彑				0	0	0	0	1
		（彖）			0	1	0	1	
436	匝				0	0	1	1	1
437	[illegible]				0	0	1	1	1
438	[illegible]				0	0	1	1	1
439	龹				0	0	1	1	1
440	[illegible]				0	0	1	1	1
441	[illegible]				0	0	0	1	1
442	[illegible]				0	0	0	1	1

续表

序号	一级部件	二级部件	三级部件	四级部件	表义数	标音数	记号数	构字数	总构字数
443	肀				0	0	0	1	1
444	隺				0	1	0	1	1
445	𠂤				1	0	0	1	1
446	少				1	0	0	1	1
447	丁				0	0	1	1	1
448	𠄌				0	0	1	1	1
449	[illegible]				0	0	1	1	1
450	𡗗				0	0	1	1	1
451	冎				0	0	1	1	1
452	毌				1	0	0	1	1
453	夂				0	0	1	1	1
454	匃				0	0	1	1	1
455	氺				0	0	1	1	1
456	𠁥				0	0	1	1	1
457	冊				0	0	1	1	1
458	𠂉				1	0	0	1	1
459	丬				0	0	0	0	1
		（臧）			0	1	0	1	
460	⺻				0	0	1	1	1
461	𠂒				0	0	1	1	1
462	㡀				1	0	0	1	1
463	隶				0	0	1	1	1
464	𠦒				0	0	1	1	1
465	鼠				0	0	0	1	1
466	丯				1	0	0	1	1
467	マ				0	0	1	1	1
468	㐬				0	1	0	1	1

续表

序号	一级部件	二级部件	三级部件	四级部件	表义数	标音数	记号数	构字数	总构字数
469	𠂉				1	0	0	1	1
470	龷				0	0	1	1	1
471	乁				0	0	1	1	1
472	彐				0	0	1	1	1
473	⺌				1	0	0	1	1
474	𦥑				0	0	1	1	1
475	工				0	0	1	1	1
476	具				1	0	0	1	1
477	击				0	0	1	1	1
478	夂				0	0	1	1	1

根据上表统计，以调整后的499个部件为依据对现代常用汉字拆分后，得出基础部件即一级部件478个（其中21个部件“亻、扌、氵、忄、⺗、讠、钅、灬、刂、火、王、犭、衤、⺮、罒、饣、⺶、𦍌、礻、巛、肉”没有单独记数），由一级部件构成的二级部件515个，由二级部件构成的三级部件66个，由三级部件构成的四级部件2个。其中可以作义符的部件229个（不含22个变体），包括一级部件171个、二级部件56个、三级部件2个；可以作声符的部件737个，包括一级部件213个、二级部件460个、三级部件62个、四级部件2个；可以作记号的部件287个，包括一级部件234个、二级部件49个、三级部件4个。

从汉字书写角度来看，具有从基本笔画到一级部件、二级部件、三级部件、四级部件再到完整汉字的组合方式；从汉字形体结构来看，各部件在所构字中的位置不能随意改变，具有层级关系的部件逐层进行字形的组合；从汉字结构功能来看，现代汉字虽然呈现出记号化发展趋势，但内在的结构系统仍然保留，义旁系统和声旁系统既有分工又有选择；从汉字部件的分布来看，其各级部件数量虽不在少数，但层次清晰，并不复杂零乱。

二、现代汉字的表义系统

（一）现代汉字的义符

根据对现代常用字的各级部件功能分析，得出具有表义能力部件 251 个（包括 22 个变体），称作“义符”。即：手（扌）、水（氵）、口、木、艹、人（亻）、心（忄、⺗）、言（讠）、月/肉、纟、土、金（钅）、辶、女、宀、火（灬）、虫、⺮、石、贝、刀（刂、⺈）、疒、阝、禾、日、足（⻊）、犬（犭）、玉（𤣩）、目、山、车、衣（衤、𧘇）、页、力、攵/支、彳、马、广、食（饣）、米、穴、酉、冫、鸟、尸、示（礻）、雨、巾、门、阝、田、囗、皿、牛、欠、子、走、耳、殳、弓、彡、舟、鱼、戈、糸、匚、隹、羽、厂、儿、立、寸、歹、革、斤、羊（⺶𦍌）、又、十、大、见、罒、气、矢、辛、止、𠂇、爪（爫）、廾、毛、分、斗、鬼、耒、身、豕、夕、小、卜、𠂉、音、支、林、兀、束、一、缶、父、瓜、黑、廴、卩、吅、片、舌、壴、非、至、瓦、龰、方、步、八、比、釆、不、册、臣、户、死、豆、风、工、谷、几、帛、角、可、少、冖、男、韦、文、多、镸、尤、豸、㐬、兔、寺、骨、化、任、舍、齿、此、卸、友、民、孚、甘、兄、印、敫、本、匕、才、美、而、买、二、丰、夫、高、更、弱、香、乙、虍、虎、臼、里、鬲、六、卵、南、皮、色、且、丘、匝、明、曰、申、疑、士、丨、行、丹、戊、象、彭、空、血、牙、羔、尹、臤、玨、幺、聿、能、乍、正、直、自、臭、北、冎、毌、丂、亏、叀、⺧、戊。

上述义符从形体结构来看，可以分为成字义符（据《现代汉语词典》所收录的汉字）、变体成字义符、不成字义符。变体义符占有一定比例，由成字所得，具有可还原性，所以暂且称为“变体成字义符”。三种类型义符数量分别为 188、22、41，所占义符总数比率为 74.9%、8.7%和 16.4%。据对所构字的数量进行统计，义符构成形声字总数 2678，其中成字义符构成 1250 字，变体成字义符构成 950 字，不成字义符构成 477 字。可见，变体成字义符和不成字义符所占比率虽不算高，但所构成的形声字字数占总字数一半以上，可见其在汉字结构系统中也是比较重要的，尤其是变体义符，由于与成字义符有意义关联，二者共同构成具有表义能力汉字的最主要的义符。

（二）义符的构字分布

构字能力由构字数量决定，此处的构字数量指的是在现代常用字范围内由义符构成的形声字字数。据表 1.3 统计表明，义符构字的分布并不均衡，构字数量比较大的义符只占义符总数的很少部分，如构字数量在 100 以上的义符共 7 个“人（亻）口手（扌）水（氵）艹木心（忄、⺗）”，构字数量在 50—99 之间的义符共 9 个“言（讠）土月 / 肉宀（纟）辶女金（钅）火（灬）”，但这 16 个义符的所构字数占义符所构形声字总数 2954 的一半以上。具体数据见表 1.3 所示：

表 1.3 义符的构字分布

构字数量	义符数量	义符构字数	所占构字总数的比率	所占义符总数比率
100 以上	7	1047	35. 45%	3. 05%
51-100	9	627	21. 24%	3. 94%
20-50	22	624	7. 45%	9. 61%
10-19	19	251	10. 65%	8. 29%
5-9	22	160	8. 51%	9. 60%
2-4	63	158	5. 35%	27. 52%
1	87	87	2. 95%	37. 99%

（三）义符的表义途径

从义符来源和表义类别观察，大部分主要义符（常用且构字能力强的）在构字时的表义情况见表 1.4 所示：

表 1.4　义符的表义情况

义符分类			来源释义	表意途径及范围	所构例字
一、以人体为内容的义符	与人形有关	人/亻	象形。甲骨文 ，“人”作为偏旁，在字左边时多写作“亻”，称“立人旁”。	与人相关的称谓、分工等	仆、仗、们、仔、他、你、俺、伯
				与人相关的性状	仁、信、傻、俏
				由人发出的相关动作	休、伏、依、倚、伐、伸、作、住
		身	象形。甲骨文 ，本义身躯的总称。	与身体、身体动作相关	躬、躯、躲、躺
		骨	会意，小篆 ，《说文》：“肉之覈也。从冎有肉。”	与骨头和人体相关	髓
		肉/月/⺼	象形。甲骨文 ，本义人或动物身上的肌肉。“肉”作偏旁，楷书与“月（亮）”同形，故称作“肉月旁”。	身体部位及器官组织	肌、肤、腰、膝、脚、脸、脖、臀
				肉食、脂肪	肴、膘、腻、肪
				行为形状的联想	育、胁、脆、胶
				病变症状	肿、膨、胀、脓
		女	象形。甲骨文 ，像一个敛手跪着的人形。本义女性、女人。	跟女性有关的人物和事	妈、奶、奴、妹、姑、姐、姓、妇
				有关的动作	嫉、妒、嫌、嫁
				有关的性状	妖、妙、娇、姚
		子	象形。甲骨文 ，本义婴儿，引申儿女，进而泛指人。	与孩子、人、生育有关	仔、孕、孙、孩、好、孝、乳、学
		父	会意。甲骨文 ，本义父亲，引申对男性长辈尊称。	父亲或男性长辈	爷、爸、爹
		大	象形。甲骨文 ，本义大小的“大”。	与大有关	夯、夸、尖、美、奢、爽、套
		尸	象形。金文 ，像卧着的人形。本义祭祀时代表死者受祭的活人。	人体有关部位及相关物品	尼、屁、尿、尾、屎、履
				人体有关的动作	屈、展
		工	象形。甲骨文 ，本义工具。	与工具、技能、样式有关	巧、式
		卩	象形，小篆字形 ，像人屈膝跪坐形。	与人或人的腿部动作有关	却、卸、叩

续表

义符分类			来源释义	表意途径及范围	所构例字
一、以人体为内容的义符	与头面有关	页	象形。甲骨文 本读xié，本义人头。	与头面相关的部位	顶、颠、颅、颜
				与头面相关的动作	顾
				与头相关的性状及联想	颓、题、顺、顷、硕、领
		目	象形。甲骨文。像眼睛形，本义眼睛。	眼睛及周边之物	眼、睛、眉、瞳、泪
				与眼睛有关的动作	看、瞧、瞪、眨
				与眼睛有关的性状	盲、瞎
				与眼睛有关	盼、瞒
		耳	象形。甲骨文，像耳朵形。	与耳朵有关的联想引申	耿、取、聊、聂、联
				耳朵的相关功能	闻、聪、聋、聆
		自	象形。甲骨文，本义鼻子。	与鼻子有关的气味、动作	臭、嗅、息
	与口有关	口	象形。甲骨文，本义口腔器官。表示口部动作的一般用口，表示话语行为的字一般用言。	口腔器官	嘴、唇、咽、喉、咙
				与嘴相关的动作	叫、吼、吵、鸣、喝
				所指人	咱、吾
				口液、食物	唾、味、咖啡、啤
		舌	会意。甲骨文，本义舌头。	舌头的动作、味觉及言语	甜、舔、辞、话
		齿	象形。甲骨文，本义牙。	与牙齿有关	龄
		言/讠	指事。甲骨文，下面一横表示言从舌出。“言”是张口伸舌讲话的象形。	言语、言语行为及相关	话、语、谈、说、认、识、记、计、谢
				言语反映的品性、道德	诚、信、谦、诡
				言语辑录	谚、词、诗、课、谜
		欠	象形。甲骨文，像人张着口打哈欠。本义哈欠，引申为不足。	与张口的动作、感情表露有关	吹、饮、歌、欺、歉、欣、欢、欲

续表

义符分类			来源释义	表意途径及范围	所构例字
一、以人体为内容的义符	与手有关	手/扌	象形。小篆，像伸出五指形。	与手相关的器官	拇、指、拳、掌
				与手相关的动作	掰、打、扑、扒、扔
				通过用手的动作达到某种目的或状态	扩、技、扰、拒、批、抵、抗、护、捐
		又	象形。甲骨文，像右手形。	与手、手的动作有关	友、奴、取、受、度
		寸	指事。小篆，从又，从一。	与手的动作有关	导、封、守、夺、付、讨
		爪/爫	象形。甲骨文，本义手爪。	与手的动作有关	爬、采、觅、受、舀、妥
		攵/攴	会意。甲骨文，像手执竿轻敲。	与敲打有关的动作或状态	敲、攻、改、败、牧、政、收、救
	与足有关	足	会意。金文，本义小腿，后转指脚。	脚及相关部位、状态	蹄、趾、跟、跛、躁
				用脚进行的动作	趴、跃、跌、跑、跨
				与脚相关的事物	距、路
		止	象形。“趾”的本字。甲骨文。	与脚、脚的动作有关	步、趾、址、卸
		走	会意。金文字形，像摆动两臂跑步的人形，本义跑。	与跑、步行有关的动作或姿态	赴、陡、赶、起、徒、超、越、趋
		辶	同“辵”。会意，小篆，从彳从止，“辶”由“止、走、辵、彳”演变而来，它们在古代作偏旁时常常通用。	行走、足迹	追、遂、逃、通、过
				与行走相关的状况	遥、远、近、迟、迢
				与行走有关的动作行为	运、还、返、邀、遣、迎、送、逛
				道路交通	道、途
		彳	象形。小篆字字形像“行”，像纵横相交的十字路，本义慢慢走。	与行走、行为有关的动作	行、往、待、徒、循
				道路	街、径
				行走的状态	徐、徘、徊、彷、徨
		廴	象形。小篆，表示延长。	与延长有关	延
		立	会意。甲骨文，本义笔直的站立。	与站立以及姿势有关	位、竖、站、端、靖

续表

义符分类			来源释义	表意途径及范围	所构例字
一、以人体为内容的义符	心	心/忄/⺗	象形。小篆，本义心脏，古代中国人认为心脏是负责思想的器官。	与心理活动、心理行为以及神态、状态相关	愉、闷、态、忠、惧、怕、怜、憎、恨、悟、懊、悔、惘
				表示中心部分	怀
	病死	死	会意。甲骨文，本义生命终止。	与死亡有关	毙、葬
		疒	象形。甲骨文《说文》："倚也。人有疾病，象倚箸之形。"	各种疾病及症状表现	病、疟、疙、疮、疯、疫、疤、癌
				其他相关	疗
		歹	象形，甲骨文，像有裂缝的残骨。	与死亡、杀戮、不祥有关	歼、残、殃、殊、殉、殖
		鬼	象形。甲骨文，本义怪物。	与鬼怪、灵魂有关	魂、魔、魄、魅
	其他相关	毛	象形。金文，像人或兽类体毛的形状。本义眉毛、头发、兽毛等。	与毛发、毛织品有关	尾、毡、笔、毯
				与毛发相关的性状联想	毫
		彡	象形，小篆，本义须毛或饰画的花纹。	与胡须、毛发、花纹、修饰、声响等有关	影、彭、形、彤、彩、彰、须
二、以器用为内容的义符	与祭祀有关	示	会意。甲骨文，像祭台形。本读（qí），本义地神。	与鬼神、祭祀、宗庙、祈福有关	礼、社、祀、祈、祖、神、祝、祠、祥、祷、祸、禅、禄、福、祭
		卜	象形。甲骨文，本义占卜。	与占卜有关	卦
		豆	象形。甲骨文，本义容器，后假借豆类。	与食器、豆类的东西有关	豌
		玉	象形。甲骨文。本义美玉。作义符时写作"王"，称为"斜玉旁"。	玉和似玉物	珍、珠、琅、琼、玻、璃
				与玉相关的性状	琳、瑞、琼、莹、玫
				与玉相关的动作	弄、玩、琢、理

续表

义符分类			来源释义	表意途径及范围	所构例字
二、以器用为内容的义符	与战争有关	弓	象形。甲骨文 ，像弓形，古代主要的狩猎工具。	与弓箭、弓形有关	引、弧、弦、弹
				与弓相关的性状	强、弱、张、弛、弯
		矢	象形。甲骨文 ，本义箭，古代常用箭测量曲直、长短。	和箭的性状特点有关	矩、疾、矫、短、矮
		刀/刂	象形。甲骨文 ，像刀形，本义古代兵器名。	与刀相关的、动作	剑、分、切、剪、劈
				与刀相关的性状	利、刚
				与刀相关的联想	刊、列、判
		戈	象形。甲骨文 ，本义一种兵器。	与兵器、战事有关	戳、伐、戒、战、划
		殳	会意，甲骨文 ，本义一种兵器。	与手持武器或击杀有关	投、役、殴、毅、毁
		至	指事。甲骨文 ，箭从远处射来将要落地的形象。	与到来、达到有关	屋、到、致
		㫃	象形。《说文》："旌旗之游，㫃蹇之皃。"	与旗帜标记有关	族、旗、旋
		辛	象形。甲骨文 ，本义刑刀。	与刑罪、辛劳、辛辣有关	宰、辜、辣、辟
		车	象形。甲骨文有多种写法，如""，本义车子、陆地上有轮子的运输工具。	类似的交通工具及量词	轿、辆、辐
				车的组成部分	轩、辕、轮、轴、辖
				由车发出的动作或结果	轧、轨、载、转、辗、辙、库
				与车相关的性状、引申	军、轻、轰、阵
	与衣有关	衣/衤	象形。甲骨文 。本义上衣，又可以指遮蔽身体的"衣裳"。	衣服及组成部分	裳、衬、衫、袄、袖
				相关动作或性状物	裁、裂、装、裹、袭
				有类似功能的物品	袋、被、褥、袒、褐
		冖	象形《说文》覆也。	与覆盖有关	冠、冤
		巾	象形。甲骨文 ，本义佩巾。	与布巾、帛有关	帆、帐、帷、幕、帽、帘、席、帜
		帛	形声。从巾，白声。本义丝织品。	与丝织有关	绵、棉
		糸/纟	象形。甲骨文 ，一端像丝束的绪，一端像丝束的头，中间是丝绞。本义细丝。	与丝线、纺织有关的物	绚、丝、线、绒、絮、缨、缆、纱
				用丝线发生的相关动作	系、缝、缠、缚、编、绕、绑、绊
				性状及其相关联想	绿、紫、红、组、细
		皮	会意。金文 ，本义手剥取兽皮。	与皮肤有关的性状	皱
		革	象形。金文 ，本义去毛兽皮。	与皮革有关的物或动作	靴、靶、鞋、鞍、鞭、勒

续表

义符分类			来源释义	表意途径及范围	所构例字
二、以器用为内容的义符	与食有关	食/饣	象形。甲骨文，本义食具，此义已经消亡，引申食物。	各种食物	饼、馅、馍、馒、饭
				与吃有关的性状及地点	饿、饱、馋、饥、馆、餐
				与食物有关的动作	馏、饮、饲、蚀
		米	象形。甲骨文，本义谷物子实。	谷物、粮食	糖、糕、糟、糠、粮
				与谷物有关的性状	粘、精、粗、糙
		禾	象形。金文，像垂穗的禾本科农作物。本义谷类作物的总称。	农作物及组成部分	科、黍、秫、秆、秸
				与谷物相关的味道性状	香、秀、稳、委、秦、稀、稠、秽
				与谷物相关的动作	秉、种、秤、租、税
				其他与谷物相关	私、秋、季、颖
		瓜	象形。金文，本义瓜果。	与瓜果有关	瓢、瓤、瓣
	与住有关	宀	象形。小篆，本义有深屋、覆盖之义。	跟房屋类似的地方	宅、牢、宗、室、宫
				跟房屋相关的人、物、动作	灾、宝、宾、客、宴、宠、寄、宿
				其他跟房屋有关	安、定、宁、守、容
		穴	象形。小篆，本义土室、岩洞。	与洞穴、房屋有关	窟、窿、窝、窖、窑
				有关的动作、状况	穿、究、穷、空、窄
		邑/阝	会意。甲骨文，本义城邑。	与地域、地名、城郭、古代诸侯的封国有关	郊、都、邦、郭、鄙、邻
		门	象形。甲骨文，本义双扇门。	与门户有关的动作、状况	闭、闯、闺、闸、阀、阅、阁、闪
		户	象形。甲骨文，本义半扇门。	与门户有关	房、扇、启
		广	象形。本读 yǎn，甲骨文像屋墙屋顶，本义依山崖建造的房屋。	与房屋、场所有关	庄、床、库、店、庙
				与房屋的性状功用有关	廓、庇、庞、废
		厂	象形。甲骨文本读 hǎn，本义山崖	与山崖、房屋有关	厅、厕、厢、厨、厦、厚
		瓦	象形。小篆，屋瓦俯仰相承貌。	烧制的物品	瓷、瓶
		囗	小篆趋方，本义环绕。	与围墙、界限有关	囚、园、围、困、囤
				与围绕有关的联想	团、图、固

续表

<table>
<tr><th colspan="3">义符分类</th><th>来源释义</th><th>表意途径及范围</th><th>所构例字</th></tr>
<tr><td rowspan="21">二、以器用为内容的义符</td><td rowspan="21">与器物、用有关</td><td>耒</td><td>象形。古时的掘土工具。</td><td>跟耒有关的动作及工具</td><td>耕、耘、耗、耙</td></tr>
<tr><td rowspan="2">力</td><td rowspan="2">象形。甲骨文 像耒形，执耒耕作需要花费力气。</td><td>跟力量、力气有关</td><td>功、劳、助、男、勇、动、努、劲</td></tr>
<tr><td>跟力气有关的性状</td><td>加、幼、劣、勃、勋</td></tr>
<tr><td rowspan="3">皿</td><td rowspan="3">象形。小篆 ，像碗、盆之类的食器。本义器皿。</td><td>各种器皿</td><td>盆、盔、盒、盖、盘</td></tr>
<tr><td>与器皿有关的性状动作</td><td>盈、益、盛</td></tr>
<tr><td>相关联想</td><td>盟、盗、监</td></tr>
<tr><td rowspan="2">酉</td><td rowspan="2">象形。金文 ，像酒坛形，本义酒。</td><td>与酒、酒器、食物有关</td><td>酪、酥、酱、酵、酒、酸、醋</td></tr>
<tr><td>性状、动作</td><td>醇、酣、酌、醉、酝</td></tr>
<tr><td>缶</td><td>象形。甲骨文 ，本义瓦器。</td><td>相关瓦器</td><td>缸、罐</td></tr>
<tr><td rowspan="2">贝</td><td rowspan="2">象形。甲骨文 ，古时以贝壳为货币，又用作装饰。</td><td>与财物、装饰或贸易有关</td><td>费、货、贷、贪、贫、贵、赘、贺</td></tr>
<tr><td>与贝相关的联想、引申</td><td>赞、败、贱、贬、质、贤</td></tr>
<tr><td>片</td><td>象形。小篆 ，本义劈开树木。</td><td>与扁而平有关物体</td><td>牌、版</td></tr>
<tr><td>网（罒）</td><td>象形。甲骨文 ，本义捕鱼鳖鸟兽的工具，引申有覆盖之意。</td><td>与网有关</td><td>罗、罩</td></tr>
<tr><td>舟</td><td>象形。甲骨文 ，本义船。</td><td>跟船相关的</td><td>舰、舱、航、舶、船、舵、艇、艘</td></tr>
<tr><td>匚</td><td>象形。《说文》：“受物之器。”</td><td>与方形器有关</td><td>匠、匣、匿、匾</td></tr>
<tr><td rowspan="2">斤</td><td rowspan="2">象形。甲骨文 ，本义斧子。</td><td>与斧子有关物、人、动作</td><td>斧、断、匠、薪</td></tr>
<tr><td>与斧子相关的联想、引申</td><td>析</td></tr>
<tr><td>斗</td><td>象形。甲骨文 ，本义酒器，引申为量粮食的量器。</td><td>与酒器、量器有关</td><td>料、斜、斟</td></tr>
<tr><td>几</td><td>象形。甲骨文 ，本义古人席地而坐时有靠背的坐具。</td><td>与器具、凭靠等义有关</td><td>凳、凭</td></tr>
</table>

续表

义符分类			来源释义	表意途径及范围	所构例字
三、以动物为内容的义符	与飞禽有关	鸟	象形。甲骨文 ，像鸟形。	鸟类动物	鸳、鸯、鸡、鸦、鸭
				鸟的动作	鸣
		隹	象形，《说文》：“鸟之短尾之总名也。”与“鸟”同源。	各类鸟	雀、雁
				鸟的性别	雌、雄
				鸟的某种状态	集、雏
		羽	象形。甲骨文 ，像羽毛形。	与羽毛有关	翅、翼、翎、翠
				相关动作、性状、人物	翘、翔、翻、翁、翰
	与家畜有关	犬（犭）	象形。甲骨文 。本义狗。	与狗有关	吠、献、臭、突
				表示陆地上能跑的动物类	狐、狸、狼、狗、狮、猪、猴、猿
				动物的习性	猖、狂、狈、狰、狞
				与动物相关的动作	猎、犯
		牛	象形。甲骨文 ，古代祭祀牛是最高贵的礼物，其次是羊和猪。	与牛马羊等动物相关的事物	牲、牢、牡、物、件、牺、牲、牧
		羊	象形。甲骨文  被认为是美食。	羊、羊的味道、习性习惯	羔、羚、美、鲜、善、群、羹
		马	象形。早期金文 ，像马眼、马鬃、马尾之形。	相类似的动物	驴、驹、骆、驼、骡
				跟驾驶有关的	驾、驰、驱、驶
				跟马的性状有关	骄、骏、骤
				跟马有关的动作	驮、驯、驻
		豕	象形。甲骨文 ，本义猪。	与猪有关或由其代表的动物义构意	豪
					逐、豚、家
	走兽、爬虫、鳞甲动物	虍	《说文》：“虎文也。象形。”	与虎的性格相关	虐、彪
		兔	象形。《说文》：“兔獸也。”	由兔的特性产生的相关联想	冤、逸
		角	象形。甲骨文 ，像兽角形。	动物角发出的动作	触
		鱼	象形。甲骨文 ，像鱼形。	各种鱼类，或在水中的动物	鲤、鲫、鲨、鲸、鳄、鲍、鳖
		虫	“虫”甲骨文  像蛇形，本读 huǐ，即虺，一种毒蛇。后为“蟲”的简体。本义昆虫的通称。	蠕动爬行的虫类	蚓、蚯、蛇、蚕、蚂
				飞行的昆虫（多由幼虫变来）	蚊、蛉、蝇、萤、蜻、蜓、蝴、蝶、蝗
				水中的类似动物	虾、蚌、蛤、蝌、螺
				与昆虫有关的动作	蛀、蠕、蜕
		豸	象形。甲骨文 ，本指长脊兽，引申蚯蚓类无脚的虫。	表示动物	豺、豹

续表

义符分类			来源释义	表意途径及范围	所构例字
四、以植物为内容的义符	与植物有关	艹	同“草”，用作偏旁。俗称“草头”或“草字头”。	花草类	茉、莉、荷、花、菊、花
				蔬菜类	芹、菜、芥、菜、茼、蒿
				菌类	菌、蘑、菇、灵、芝
				水果、果实类	葡、萄、草、莓、荔
				植物的组成部分	芽、苗、萌、芯、茎
				性状、气味、颜色	芬、芳、菲、苦、荒、芜
				与植物相关的动作	艺、荡、蓄、蕴、落
				其他相关联想	薄、茧、药、荫
				用草作材料的物品	苫、茵、藉、苑
		木	象形。甲骨文 。像树木形，上为枝叶，下为树根。本义树木。	各种树木名称	树、林、森、杉、松
				树木的组成部分	杆、枝、根、梢、标
				相关性状及木制品构成部分	荣、朽、枯、枉、棱、楞
				与树木相关的动作	植、采、析、构
				用树木作为材料的物品、场所	材、柴、棒、棍、杠、椅、杯、桶
		竹（⺮）	象形。小篆 ，像竹茎与下垂的叶片。	竹子	笋
				用竹子做的物品	笛、笙、簧、管、箫、筝、笔、筒
				相关的联想、引申	等、筋、簇

续表

义符分类			来源释义	表意途径及范围	所构例字
五、以自然为内容的义符	与天象有关	日	象形。甲骨文，本义太阳。	与太阳、时间有关	曝、旦、早、旷、明、时
				与太阳有关的性状	晴、晾、暑、暖、暗、暇
				有关的动作	昂、照、映、晒
				与日相关的联想	晰、景、冥、晃、晕、昧
		月	象形。甲骨文，本义月亮。	相关的性状、动作	朦、胧、朗、明、望、朝
		风	形声。小篆，从虫，凡声。现代规范简化为“风”。	与风有关的动作	飘
		雨	象形。《说文》：“水从雲下也。”	相关的天气现象	雪、雳、雷、零、雾、雹
				与雨相关	需、震、霉、霍
		夕	象形。《说文》：“莫（暮）也。从月半见。”	与夕相关	外、名
		气	象形。小篆，本义云气体。	与气体有关	氛、氢、氧、氨、氮、氯
	与地理有关	山	象形。甲骨文，像山峰并立的形状。	与山相关的地方	岗、岸、岛、岩、岭、峡、峭、峨、峰
				与山相关的性状	崎、岖、巅、巍、崇
				与山相关的动作	崩、崛
		丘	象形。《说文》：“土之高也。”	与山丘有关	岳
		土	象形。甲骨文，上像土块，下像地面。本义泥土、土壤。	与泥土、土地、建筑有关	地、圾、场、尘、坛、址、坝、坎、坟
				用土完成相关动作	垮、塌、堵、垦、垒、填、塞
		阜/阝	象形。甲骨文，像山崖边的石磴形，表示地势或升降等意义。	与土山、地势有关	陡、隅、陌、险、阳、阴、陆、陵、陶
				与阶梯、升降有关	降、坠、堕、陨、陷
				其他相关联想	隙、际

续表

义符分类			来源释义	表意途径及范围	所构例字
五、以自然为内容的义符	与地理有关	石	象形。金文，本义山石。	矿物、化学物等	矾、硅、硝、硫、碘、碱
				相关性状和动作	研、砌、砍、砸、碰、砰
		金/钅	会意。金文，本义金属。	金属、矿物等	钢、钠、钙、钻、钾、铁
				金属制品、金钱等	钥、钮、锣、锤、锥、钞
				相关的性状、动作	锐、锈、锋、钝、镶、锻
		水（氵）	象形。甲骨文，中间像水脉，两旁似流水。	江河或水利名称	江、河、渤、海、洋、泉、湖
				与湖海现象有关的	涛、波、浪、澜、源、潮
				与水类似的液体	泪、汗、涕、尿、涎、汤
				水的性质状态	深、浅、清
				与水有关的动作	汇、沐、浴、游、泳、泣、洒
		冫	古同“冰”。会意。从仌，从水。金文作“仌”。	与冰、寒冷有关	冰、冻、冷、凉、凌、冬
				与冰有关的联想	冶、凄、凑
		火	象形。甲骨文字形像火焰。本义物体燃烧所发的光、焰和热。	与火、明亮有关的物	灯、炮、烛、烟、烙、焊
				与火有关的性状	熟、焦、燥、热、炫、烂
				与火有关的动作	炒、炊、炼、炸、烤、烘
				与火有关的联想	烦、焕
		光	会意。甲骨文，本义光芒。	与光芒、光亮有关	辉、耀
其他		田	象形。甲骨文，本义种田。	与田猎、田地、农业生产有关	男、佃、甸、亩、苗、奋、界、畔、留

义符主要来源于象形、指事和会意，正如《说文解字·序》所言：“近取诸身，远取诸物。”主要内容都是围绕自然和人类展开的

系列物品及现象，其中象形占 79.4%，体现了汉字构形的表意性质。而且义符在构字过程中分工明确且自成体系，经表 1.4 描写可知，不但涉及“人体、器用、动物、植物、自然”五大意义范围，且每一种意义范围内又包括若干组不同类别，共计 22 组，在每一组类别下的每个义符又区别更细的表意途径。如人体范围内的“与口有关”的义符“口”和“言”，义符“口”分为“口腔器官、与嘴相关动作、所指人、口液食物”4 种意义途径构字，“言”从“言语行为及相关、通过言语反映的品性、言语辑录”3 种意义途径构字。

（四）义符的表义度

义符的表义度反映的是义符意义与所构字字义在联系上的密切程度。其分析的前提有二，一是义符意义的确定，二是所构字字义的确定。确认义符意义的具体细则为：首先依据以现代字义注释为主的《现代汉语词典（第 6 版）》确认成字义符的意义。《现代汉语词典》中不成字的义符，查阅参考《说文解字》及相关注释文献进行意义确定。确定所构字字义所依据的标准是《现代汉语词典（第 6 版）》的释义。对于一些特殊字的处理细则为：表示联绵词的字，如果不能单独使用，即以该联绵词的词义作为分析这些字的义符表义度的依据。如“玻璃”“尴尬”等词语中的字都不能单独使用，没有独立的字义。在分析其义符表义度时，即以它们的词义作为字义；对于一些字义丰富的字，或者假借义成为常用义，或者本义、假借义都仍在使用，如“极”“莫”等，均先参考《说文解字》进行结构分析分类，然后再按照《现代汉语词典》释义进行意义上的确定；对于部分多音字，由于词性、字义不同，根据《现代汉语词典（第 6 版）》的注释其与义符意义的密切程度也不同，在这种情况下，首先参考《说文解字》对其本义进行分析，如果本义已经消失不再使用，就根据《现代汉语词典（第 6 版）》中的基本义项进行分析，如“累”“行”“钉”等。

义符意义与字义联系复杂，这一客观原因决定了义符表义度的分级不宜过细。事实上，关于义符表义能力、表义度或预示力等，早有部分学者做出研究分析。比较诸家研究，虽然提法略有不同，数据结果略有差异，但从各家所定的标准看，义符表义能力是一个相对宽泛和模糊的体现。因此考虑到义符意义和字义关系的实际情况，我们依旧采取“三级”的分类方法，即完全表义、基本表义、不表义。对于一些构成会意字或指事字的义符，因其意义在两个部件的意义合成中得以体现或只起表义作用，而自身并不具备独立的标示意义能力，所以此类表义部件不再进行表义度分析的义符范围之内。

义符表义度具体确认细则为：所构字字义（或基本义项）跟义符意义完全相同或具有明显联系、提示作用的，即“完全表义”，如义符“扌”的所构字“掰、拜、攀、拿、扎、打、扑、扔、扣、托、扫、扶、抓、扳、抡、抢、抛”表示与手相关的动作；“拇、指、拳、掌”属于手的相关部位；“执、扩、技、扰、拒”是通过手的动作达到的某种状态；所构字词典注释字义和义符意义不具有任何关系，尤其是其字义的常用义与义符意义已看不出任何联系，视为“不表义”，如“隹”与“雇”，“车”与“软”；对基本表义的确认，主要是从联系的角度考虑，包括以下几种情况：一是无论是所构字的基本意义，还是引申意义，只要其中一个义项和义符意义或组成部分相关，即确认为基本表义；二是孤立地看义符的意义和字义关系甚远，如“歌”，但从系列字“吹歌歉炊”中可以看到“欠”标示意义的作用，并可以追溯出“欠”的本义及在构字中的构意，此类情况也可视为基本表义；三是字义（或基本义项）和其义符意义不具有明显联系或提示作用，但义符通过某一中介可对字义有所提示的，也看作基本表义。如根据《现代汉语词典》释义得出“纸——纤维——细丝”，可见纤维的媒介作用使得“纸”和“细丝”之间产生了非直接性的意义联系。

分值设定，完全表义 1 分，基本表义 0.5 分，不表义 0 分。每个义符的表义度为，完全表义和基本表义的分数之和除以该义符所构字的总数，再乘以百分之百。即：

$$\text{义符表义度}=\frac{（\text{完全表义}+\text{基本表义}）\div 2}{\text{所构形声字总数}}$$

据此对构字数在 3 以上的义符表义度，按降序统计，见表 1.5 所示[①]。

表 1.5 构字数 3 以上的义符表义度

义符	构字总数	完全表义＋基本表义	不表义	表义度
疒	36	36	0	50
足（⻊）	33	33	0	50
石	38	38	0	50
食（饣）	18	18	0	50
米	18	18	0	50
鸟	16	16	0	50
鱼	9	9	0	50
歹	6	6	0	50
皿	7	7	0	50
革	7	7	0	50
鬼	4	4	0	50
气	6	6	0	50
身	4	4	0	50
金（钅）	64	63	1	49.2
女	52	51	1	49
手（扌）	191	185	6	48.4
月 / 肉	81	79	2	48.7
火(灬)	44	43	1	48.8
口	139	133	6	47.8
土	61	58	3	47.5
日	35	33	0	47.1
阝	33	31	2	46.9

① 对于所构形声字字数为 3-1 的义符，如“缶、父、瓦、瓜、廴、片、辛、豸、风、工、十、寸、豕、爪(⺤)、舌、至、釆、几、角、民、高、虍、卵、皮、士、丹、血、文、骨、分、廾、光、㫃、男”，由于作为义符参与的形声字数量极为有限，基本都属于完全表义或基本表义，故列入统计范围。

续表

义符	构字总数	完全表义＋基本表义	不表义	表义度
虫	47	44	3	46.8
酉	16	15	1	46.8
（⺮）	43	40	3	46.5
木	127	118	9	46.4
心（忄、⺗）	98	91	7	46.4
衣（衤）	28	26	2	46.4
雨	14	13	0	46.4
山	26	24	2	46.1
示（礻）	13	12	0	46.1
水（氵）	191	174	17	45.5
贝	32	29	3	45.3
言（讠）	82	74	8	45.1
舟	10	9	1	45
刀（刂、⺉）	29	26	3	44.8
力	18	16	2	44.4
犬（犭）	27	24	3	44.4
玉（王）	27	24	3	44.4

从上表可知，表义度在总表义度 43.7%以上的义符主要有“疒（⻊）石食（饣）米鸟鱼歹皿革鬼气身金（钅）女手（扌）月／肉火（灬）口土日阝虫酉（⺮）木心（忄、⺗）衣（衤）雨山示（礻）水（氵）贝言（讠）舟刀（刂）力犬（犭）玉（王）目囗弓广（纟）”。

构字能力强的部件，有效表义（即完全表义＋基本表义）构字能力也比较高，同时表义度高的义符构字能力也比较强，二者成正比例关系。

从上表可知，表义度在总表义度 43.7%以上的义符主要有“疒（⻊）石食（饣）米鸟鱼歹皿革鬼气身金（钅）女手（扌）月／肉火

（灬）口土日阝虫酉（⺮）木心（忄、⺗）衣（衤）雨山示（礻）水（氵）贝言（讠）舟刀（刂）力犬（犭）玉（王）目囗弓广（纟）”。

构字能力强的部件，有效表义（即完全表义＋基本表义）构字能力也比较高，同时表义度高的义符构字能力也比较强，二者成正比例关系。

三、现代汉字的表音系统

（一）现代汉字的基础声符

根据对现代常用字的部件功能分析，我们得出具有标音功能的部件 738 个，即：令、工、肖、尚、各、圭、莫、者、方、干、艮、隹、占、古、巴、包、交、皮、白、高、且、昔、合、台、羊、青、佥、辟、仓、每、尧、甫、分、召、扁、反、良、京、曷、非、甬、由、半、旁、俞、支、丁、兑、户、畐、龙、其、区、曼、生、亡、我、尞、亢、乔、中、主、寺、音、止、専、公、不、荧、辰、奇、亥、利、己、臽、巨、可、喿、告、娄、屯、争、少、申、夋、周、牙、予、正、共、卜、麦、立、朋、平、麻、今、介、仑、真、相、元、比、寿、登、鬼、果、奂、炎、几、夹、甲、兼、卷、九、句、勺、里、力、加、录、罗、卯、门、监、旦、呙、因、韦、卒、襄、央、也、叟、禺、乍、兆、单、免、夆、安、宁、宗、宛、容、它、卑、辡、卓、土、章、广、付、胡、孛、灰、母、末、林、采、孚、先、只、皇、则、苗、长、出、川、垂、夸、并、弟、奄、耑、卖、弗、谷、秋、秀、虍、及、朵、廷、危、夗、帝、斤、勾、匋、员、马、留、米、乃、将、欠、是、易、曾、商、屈、失、矢、吉、隋、司、军、冈、同、未、文、咸、丂、夭、冘、尤、爰、叔、于、需、王、直、朱、焦、子、啇、定、官、宾、坐、童、朕、西、票、庄、度、唐、化、从、全、此、查、舀、甘、某、印、敫、贵、皆、必、番、丕、才、劳、荅、切、丑、兰、斗、豆、发、邦、风、夫、更、瓜、委、乙、乞、凶、黄、既、延、见、览、井、久、旬、勿、开、口、吴、孝、考、乏、甚、千、前、兹、次、刍、匡、刃、亶、昌、星、暴、曹、舌、尼、矣、氏、枼、执、那、参、肃、内、回、敝、吾、多、当、享、离、义、君、难、取、玄、云、至、专、疋、冬、完、家、宣、害、丙、汤、音、竟、胃、朝、骨、朔、覃、康、店、府、以、华、伏、伐、保、侯、会、十、有、若、原、历、桼、光、蒲、奥、敖、办、责、赖、顷、旨、若、蒙、藋、删、叉、彦、列、丞、赤、串、寸、尉、尊、关、东、聂、丰、豪、戒、或、郎、式、弓、黑、凡、巳、建、约、解、即、欣、斯、金、疌、具、呈、来、乐、耂、署、耆、两、了、亨、间、益、农、奴、如、婴、妾、求、去、壬、昏、昆、崔、彡、赤、居、展、属、喜、奉、段、乚、术、太、天、忝、奏、胃、畏、累、用、万、攵、敬、敢、乌、无、五、感、下、向、象、尔、心、夜、市、率、亨、卤、亚、衣、夷、亦、尹、永、皈、犮、矛、柔、雷、幺、丈、州、自、连、退、成、赉、丂、叚、堇、屰、复、乇、粦、足、师、路、洛、条、务、备、逢、翏、宿、审、宰、寅、辛、贞、卢、卦、袁、族、旋、亲、新、肴、肯、要、苹、库、磨、廉、庚、人、何、舍、频、颠、勃、右、左、在、民、厉、厌、木、禁、焚、桑、爪、妥、受、爵、允、充、兄、浦、匍、八、典、翁、百、贝、贱、赞、贯、本、匕、北、悉、疾、艾、芒、产、刀、刑、刷、辱、尺、斥、虫、巢、束、扇、囟、奈、癸、郑、刁、耳、贰、父、丐、亭、戎、便、巧、差、巩、巫、引、张、禾、科、魏、后、乎、虎、虑、虚、匈、函、火、然、庶、巷、阑、觉、索、角、厄、带、析、臼、匆、何、别、阿、老、精、隶、鬲、冥、罢、毛、与、闰、阁、迷、面、皿、目、眉、盾、姑、妻、酱、气、助、丘、匝、早、旱、晃、昭、明、景、普、沓、冒、山、崩、岛、岁、炭、彭、上、刷、屋、石、饣、史、吏、知、士、壮、氏、祭、世、拜、拉、首、殳、般、柬、队、阿、隆、活、行、征、允、县、写、萧、思、为、刘、闵、散、敦、午、名、尝、掌、堂、惠、念、总、快、郭、孰、市、空、窄、血、言、羔、显、聚、侵、鱼、耦、畜、幼、胥、焉、之、到、豹、貌、重、董、醮、疏、孔、孙、孟、息、遂、遣、戊、象、北、隺、惠、臧、啬、爻、杀、戉、舜、丩、央、龹、𭕄、丬。在 738 个声符中，成字的比例为 81.7%，不成字比例为 10.3%，声符变体占 3.8%，多音的占 5.2%。

（二）声符的表音情况

对于声符的表音能力问题，诸家学者多有研究，如最早周有光先生（1978）《现代汉字中声旁的表音功能问题》计算出现代汉字中声旁的有效表音率为 39%，这一数字成为后来几十年中极有影响的数据。尹斌庸（1988）《关于汉字评价的几个基本问题》提出“声旁的预示力”，统计得出声旁的预示力大约 0.50 左右。李燕、康加深、魏励、张书岩（1992）《现代汉语形声字研究》对 5631 个形声字统计得出韵全同者所占比例为 72.16%，声同者约占 64.23%，调同者约占 57.02%；万业馨（2012）《应用汉字学概要》对《大纲》中 2001 形声字的统计得出韵同占 71.86%、声同占 55.17%、调同占 47.38%。可见，现代汉字中声符的读音关系分布主要还是以韵同为主，韵同比例明显高于声韵调全同 30% ①左右的比例，这一结果证明了声符的示音能力多属“音相近”而非“音全同”。

鉴于此，我们将声符与所构字的读音关系按 9 种情况进行分类列表，详见附录 2。九种情况，即韵母相同（韵母声母相同；韵母相同、声母同一部位；韵母相同，声母发音部位接近；韵母相同，声母不同）、韵母接近（韵母接近、声母相同；韵母接近、声母同一部位；韵母接近、声母不同）、声韵不同，但读音成系列出现、其他（韵母、声母不同）。

另外，我们还以声符的表音程度为纲，从声、韵、调三方面的相同度以及构字字数、所占比例做了统计，结果见表 1.6 所示：

表 1.6　声符表音情况

声符表音程度		声	韵	调	字数	比例
1	声符完全表音	同	同	同	689	25. 7%
2	声符很大程度上表音	同	同	不同	460	17. 1%
3	声符基本表音 1	接近	同	—	304	11. 4%
		不同	同	—	93	3. 5%
		同	接近	同	91	3. 4%

① 范可育、高家莺、敖小平《论方块汉字和拼音文字的读音规律问题》（1982）声韵调全同 26.3%；李燕、康加深统计得声韵调全同 37.51%；万业馨统计得声韵调全同 31.03%。

续表

声符表音程度		声	韵	调	字数	比例
4	声符基本表音 2（成系列读音）	—	—	—	397	14.9%
5	声符基本不表音	同	不同	—	74	2.8%
		不同	接近	—	72	2.7%
		接近	接近	同	79	2.9%
6	声符不表音	不同	不同	—	317	11.8%
		接近	不同	—	102	3.8%

综上来看，现代汉字的表音系统依旧明显存在，1—4 属于有效表音，声符有效表音构成 2034 字，占总字数 2 的 75.9%，与所构形声字之间主要存在音同和音近两种语音关系，但也有 24.1%的形声字中声符不能有效表音。声符在现代汉字中的表音情况之所以略为复杂，究其原因，主要有二：一是历史音变，二是语音别词义别词性需求的使用。早在汉代刘熙的《释名》中就有关于语音变化的记录："古者曰'车'，声如'居'，所以居人也；今曰'车'，声近'舍'。"《汉书· 韩信列传》"汉王授我上将军印，数万之众，解衣衣我，推食食我"中的"衣""食"，唐颜师古注曰："下衣音于记反，下食读曰食人也。"说明两字音不同，第一个"衣"字是平声，作名词，第二个"衣"字读去声，作动词。古书中类似的例子并非罕见，这样的变化很多存在于同源字中，而同源字一般是声符字与由它组成的形声字构成的。

全面了解声符的表音能力，除了知晓表音度之外，最好对声符在表音时所呈现的规律程度也有所了解。因为有的声符虽然表音度很低，但所构字的读音可以成系列出现，规律程度还是很高的，如"内－钠呐纳、肃－萧啸箫、丑－扭纽钮"。由此，我们借鉴表音度的分级方法，将声符的规律度也分为三级：规律、基本规律、不规律。规律，是指所构字读音与声符读音一致或者成一个系列出现；基本规律是指所构字的读音呈 2、3 种情况，但每种情况都有一定数量且有规律可循；不规律是指所构字的读音分散、且数量有限。规律度的分值分别为规律 1 分，基本规律 0.5 分，不规律 0 分。计算方法同于表音度的计算方法，统计所得数据见表 1.7 所示：

表 1.7 声符的表音规律值

构字数量	声符数量	所占比率	表音规律值	构字数量	声符数量	所占比率	表音规律值
16	1	0. 15%	0. 50	8	17	2. 58%	1. 00
55	1	0. 15%	0. 50	7	24	3. 65%	0. 98
14	1	0. 15%	0. 50	6	32	4. 86%	0. 93
13	3	0. 45%	0. 67	5	51	7. 75%	0. 70
12	4	0. 61%	0. 80	4	87	13. 22%	0. 84
11	5	0. 76%	0. 70	3	115	17. 5%	0. 47
10	7	1. 06%	0. 43	2	152	23. 1%	0. 76
9	9	1. 36%	0. 78	1	149	22. 6%	0. 74

总之，现代汉字声符系统的表音情况虽然略微复杂，但规律程度还是比较高的，从上表可知其规律值绝大多数在 0. 5 以上。

第二章　汉字教学基础字的选定

第一节　基础字的提出

一、基础字提出的背景

1. 目前的汉字教学数量及相关要求

根据2015年小学语文新课程标准（最新修订版），国内母语汉字教学的基本要求为：1—2年级认识1600（－1800）个左右，其中800（－1000）个左右会写；3—4年级累计认识常用汉字2500个左右，其中1800个（比原减少200个）左右会写；5—6年级，累计认识常用汉字3000个左右，其中2500个左右会写；7—9年级，累计认识常用汉字3500个左右。海外汉字教学影响最大的当属法国，法国中学汉语教学大纲的识字门槛为：汉语作为第三外语要认识405字，学会书写255个字；作为第二外语要认识505字，学会书写355字；作为第一外语要认识805字，学会书写505字；中文国际班（即开设在法国中小学的汉语国际专科课程，Sections internationales de chinois）则是1555字为门槛，同时还给出了104偏旁门槛。

上述两个信息表明母语识字教学和境外部分汉语作为外语的教学大纲都把"多认少写"作为一个基本原则加以实施，并建议了具体的数量要求。但2001年由国家汉语水平考试委员会办公室考试中心制定的《汉语水平词汇与汉字等级大纲（修订本）》，2010年由教育部、国家语言文字工作委员会发布的《汉语国际教育用音节汉字词汇等级划分》，以及2014年出版的由孔子学院总部/国家汉办主持修订的《国际汉语教学通用课程大纲》，都没有关于"多认少写"的具体要求，更没有对分阶段、分要求的汉字数量、内容、建议要求等做说明和体现。

2. 汉字教学及教材面临的问题

汉字是汉语的再编码，是汉语的第二性符号系统[①]，汉字教学是汉语初级教育的辅助因素，也是汉语高水平阶段教育的必要延伸。对于汉字教学的发展，王宁先生主张从传统语言学中寻找汉字教学的突破口，提出要对汉字、语义和词汇进行分层次的研究，因为汉字作为汉语的书写单位，对其起决定作用的是汉字的构形系统。既然是一个系统，那么以字讲字必然是汉字教学的传统，也是学习汉字最好的办法。这一方法在具体的实施过程中，又需要随时计算教学“成本”，如遇到“尚、赏、党、常、堂、躺、趟……”，先出现哪个字，先学哪个字，科学的顺序是计算教学成本的关键。这一理念其实已经得到一些学者的认同。如赵金铭（1989）统计了 4 部基础汉语教材中的全部用字，考察了其在《常用字和常用词》中的分布情况，在此基础上，参考构词数，结合社会生活常用原则，选定1000 字作为初级阶段应该掌握的字。周健、刘圣心（2007）将《汉字等级大纲》和《绿皮书》（2005 年）进行对比研究，结合教学的实践，提出修订《汉字等级大纲》和研制对外汉语教学《基础汉字表》的建议。孟繁杰、李焱（2010）根据目前已有的汉字统计字表，结合汉字的频度高低、能否独立成词、构词能力强弱、笔画数与部件的难易程度以及是否满足日常交际功能需要等参考依据，选出基础阶段对外汉语教材应该重点学习的 500 个常用汉字等等。无论是学者的研究还是现修订出版的相关等级字表，其初级阶段的字量问题及选字问题基本有所共识，但对于汉字在教学上的先后顺序、组合关系均没有具体交代，而且基础汉字选定的标准依旧主要参考“频率”和“常用度”。崔永华（2016）[②]曾经提出：“构词频率是一个非常重要的指标，但是构词频率高的未必是对外汉语教学最需要的、

① 王宁. 论汉字与汉语的关系[J]. 民俗典籍文字研究，2015.1.

② 此资料来源于“国际汉语教师微信群”中崔永华先生所发表的看法。

靠前的汉字。”鹿士义（2016）[①]就“频数”指出：“统计字词频数时应考虑学习者的主观频次和词语切分的主观词，这毕竟是汉语作为二语的学习，过去我们这方面鲜见研究。”一语道出了词频统计中最为棘手的问题。所以尽管相关成果字表已有一些，但其无论是在选取标准还是教学建议上都还需要继续调整完善，可以看出汉字教学的顺序和布局仍旧是汉字教学面临的一个主要问题。

在汉字教材方面，陆俭明曾在 2016 年第二届语言学与汉语教学国际论坛大会上指出：“汉字教学中的基础性研究欠缺。有学者统计了 12 部汉语教材，合计汉字总数为 680171 字次，汉字字种总数为 4041 个，可是 12 种教材的共用字种数只有 278 个，只约占字种总数的 6. 9%。即使除掉用字总数较低的两个口语教材（《汉语会话 301 句》《汉语 900 句》）10 种教材，共用字种数只有 714 个，只约占字种总数的 18. 3%。这说明，对零起点的外国学生，不管来自哪个国家，不管他母语是哪种语言，第一年教给他多少字、哪些汉字，大家心中无数，编教材时也不考虑这个问题。”白乐桑[②]（2016）在进行汉语教材评估研究时发现：“绝大部分教材没有字量信息，却有汉字统计。字词比例显然没有作为标准之一。所谓的字表，有的只是从词提出来的，还是词带字。真正的字表（或汉字门槛）应该以字带词为起点。”作为一名汉语学习者，白乐桑还指出：“我一直觉得生字字义欠缺是中国教材中最难接受的，对教学效果有负面的影响。”可见，目前的汉字教材也存在着继续调整修订的问题，这一问题解决的前提是有一个科学具体、可供教学操作的汉字系统材料。

3. 汉字习得中的主要问题

这部分内容在绪论中已有提及，在汉语教学中外国学习者尤其非汉字圈学生在转入汉字学习时往往出现“低谷”现象。如对汉字没有结构意识，依葫芦画瓢；对部件位置和笔形变化规则不清楚；对部件功能了解不够，形似部件互相混同，高频部件影响低频部件，

---

① 此资料来源于“国际汉语教师微信群”中鹿士义先生所发表的看法。

② 此资料来源于“国际汉语教师微信群”中白乐桑先生发表的观点。

形近字混同等等；对音义关系不明白，语音相似度以及旧有的语义模块造成音近、形近字多混同等等。当下关于汉字习得偏误的研究不在少数，故在此不多赘述，总之，造成汉字偏误的原因多与汉字的形、音、义关系密切相关。换言之，对汉字形音义的探究以及汉字之间组合、聚合规律的应用，仍旧是解决汉字习得问题的最佳途径。

二、基础字的概念和定位

在汉字学学科领域内，认识汉字这一客观事物，了解汉字系统及固有属性，一直是学者关注的研究内容。在交际应用领域内，最适合提高学习者书面交际能力和发挥应用功能的汉字范围及特点，一直是教学者关注的主要内容。二者虽然关注角度不同，但从教育科学的角度来看，即“学习和利用类别，是一种最基本、最普遍的认知形式”（布鲁纳，1960），二者存在着很好的“合作关系”[①]。所以，在现代汉字结构系统规律指导下对汉字进行分类、进行排序，梳理出基础内容与扩展内容，是一种有效、科学的教学形式。

为此，我们提出“基础字”这一概念，此处的“基础字”，既不同于局限于“字形”组构范畴的“基本字”，也不同于激发学生兴趣体现汉字文化的“入门字”，当然也有别于以相对应的词汇总量及词汇分级为基础的“等级字”中的“一级字”。“基础”是事物发展的根本和起点，汉字的属性决定了汉字的基础内容，由此也提供了在数千汉字中选取“基础字”的主要标准因素，即汉字的“形、音、义、用”。所谓的“基础字”是体现现代汉字结构系统的基础汉字，这些汉字需要包括所有基础部件和结构类型，涵盖主要的义符和声符，涉及汉字最基础的音节，并具有较强的构字、构词能力。如此，我们方可在开展汉字教学中，实现快速掌握汉字最基础的形音内容、最关键的意构机制和最高效的字用途径的教学效果。

① 美国教育心理学家布鲁纳（J.S.Bruner）在1960年《教学过程》一书中讲述认知学习理论时提到的观点。

第二节　基础字的选取

一、基础字选取的原则

根据基础字的定位，其选取原则定为四个方面，即系统、高效、关联和实用。

系统原则，即考虑字形、字音、字义三方面内容的系统全面性，如字形上，基础字应该包括不同部件、笔画的代表字；独体字和不同组合方式（上下、左右、包围等）的合体字，以及体现基本笔顺规则的代表字。字音上，基础字应该包括汉语中不分四声的全部音节，每个声母、韵母、声调都有所体现的汉字；“音+义”“音+记号”不同结构类型的汉字。字义上，基础字应该包括主要辞书归纳的部首或偏旁，不同表义类别的义符，“义+义、义+音、义+记号”不同结构类型的汉字。

高效原则，指的是高频、稳定和精准。高频，主要指构字频率高、构词频率高以及使用频率高。基础字应该包括构字频率高的成字部件，含有高频不成字部件的常用汉字，构词能力强的汉字，应用领域广泛、且在日常阅读书写中频繁出现的汉字。稳定，主要指选取的基础字可以反映汉字相对于拼音文字而言所具有的长期不变、不同方言区能够通用的特点，如注意尽量选用在字音、字义方面具有传承性的汉字。精准，主要指表音度和表义度高。基础字应该包括表音度高、表音比较规律的声符字以及含有此类声符的常用字，表义准确、义类区分度明显的义符字以及含有此类义符的常用字。

关联原则，主要指字与词、字与文化的关联。汉语中字、词关系复杂，基础字中不仅要有“自由语素字”，还要有构成双音词的“不自由语素字”，这些字可以反映字词的多种对应关系，同时也要有部分作为虚词的字。字与文化，基础字应该包括可以反映或者可以由此联系到汉文化特点的代表字，如“牛、马、羊、女、示”可体现农业、祭祀、母系氏族等背景文化等。

实用原则，是指在强调结构系统的同时，也要注意突破纯粹的“学术系统”“专业系统”，注意科学性与实用性的结合与统一，在遵循字形、字义规律特点的同时，重视字用情况、汉字与音节的切合、汉字在汉语教学中的作用，以及最大限度地贴近外国人最基本的需要。

二、基础字选取的重要参考

《汉语国际教育用音节汉字词汇等级划分》作为基础字选取的重要参考材料，原因有四：一是数据基础庞大，作为基础的 9 种[①]汉字表，涵盖了各种不同类别，既有大型动态语料，又有针对性很强的字表。二是首次将音节与汉字联系，将口语与汉字沟通，突出字用的重要性，符合选取基础字的原则。三是考虑的因素全面，包括音节频度、构词能力、结构、功能以及教学的可操作性等。四是字表的筛选方法科学、均衡且灵活，值得借鉴。以《等级划分》中的一级汉字表筛选的基本方法为例，简单介绍其科学的选取过程：首先用计算机对前 8 个字表进行比对，共得到 1305 字，成为一级汉字表选定的基本范围；其次，交集、比对 8 个字表、7 个字表、6 个字表共有的字，绝大多数直接进入 900 字表；5 个字表、4 个字表共有的字，大多数选入 900 字表；而 3 个字表、2 个字表和 1 个字表有的字，少量经过干预，选入 900 字表。所谓的“干预的原则”是指选入最基本、最常用的交际用字；选入最基础、适于衣食住行用字；在白乐桑、张朋朋 900 字表和《等级大纲》甲级 800 字表、《汉语教材常用词表及常用字表统计分析报告》内的；汉字表与音节表、词汇表的筛选相结合。

鉴于上述原因，考虑基础字不但要展示汉字基本的构形面貌，

① 前 6 种字表是：广播电视对话节目字频统计前 900 字，对话节目语料词频统计前 1538 个词中包含的 900 字，有声媒体字频统计前 900 字，中小学新课标语文科字频表前 900 字，多媒体字频统计前 900 字，国家语委平衡语料库字频统计前 900 字。后 3 种字表是：课题组预先试验字表 900 字，白乐桑、张朋朋 900 字，《等级大纲》甲级 800 字。

还要有效地进行汉字的扩展教学，以及提高学习者心理词典对所学汉字的提取度，所以本研究在进行基础字选取时，会将《等级划分》中的普及化等级（一级）汉字 900 字作为重要参考材料，将中级（二级）汉字 900 字作为可参考材料，进行必要补充。同时根据目前大多数高校汉语课程上的汉字输入情况和学生实际使用情况，将基础字的数量合理控制在 700—900 字之间①。

三、基础字选取的具体过程及结果

（一）基于教学用的义符和声符分析

1. 义符

现代汉字结构系统中的义符并不是都要在教学中体现和教授，基于教学需求，首先要考虑从中选取出适合教学用的主要义符来。作为主要义符需要具备独立表义的稳定性，义符与所构字在意义上有直接、间接联系或者有区别能力。形声字作为现代汉字中的主要部分，其义符原则上都会列为主要义符，但对于一些构成会意字或指事字的义符，因其意义是在两个部件的意义合成中得以体现或指示表意功能，而自身并不具备独立的标示意义能力，加之所构字数量极为有限，所以此类表义部件如“八”“一”等，并不在主要义符范围内。

其次，要明确对义符中的变体义符、同形义符、功能变化义符、构字能力极低义符的不同处理原则。对变体义符的处理：部分义符在经历隶变后，由于所处字形结构位置改变，形体发生变化，如义符“刀”隶变后在左右结构的字形中演变为变体“刂”，在左中右结构的字形中还演变为变体“⺈”。与“刂”类似的变体还有“氵（水）、扌（手）、忄（心）、王（玉）”等，它们虽然在形体上和原来的义符有很大差距，在字形结构中的位置也多不相同，但因为具有基本一致的表义作用，所以不将这些变体义符单独处理，而是与其对应的

① 与此数字接近的有万业馨《中国字认知》（教师用书）在对基础材料的选择进行说明时提到的：“《中国话》上册课文所用词语共 941 个，比较符合汉字符号体系全貌的需求。”另外，法国汉语教学大纲识字门槛为第一外语要认识 805 字。

成字义符看作一组，如“手”和“扌”为一组中的2个义符；对同形义符的处理：有些本来形体不同的义符由于隶变合流了，但二者在字形位置和表义内容上仍保留各自特点，如“阝”（左阜右邑），这样的同形义符按两个不同义符进行处理。再如义符“月”是由“肉”和“月”等形符合并而来，虽同一字形，但表义区别清晰，所以按两个义符处理；对功能变化义符的处理：有些义符在构字之初具有表义功能，但随着现代汉字字形或字意的变化发展，这些义符在所构字（现代常用字范围内）中逐渐失去了表义的作用或者表义功能弱化，如“匕、勹、覀、凡、豕”等，此类义符不视为主要义符；对常用字范围内构字能力极低义符的处理：少数成字义符和不成字义符在现代常用字范围内，除了本字之外，并不构成他字，或者仅构成1字，且该类不成字义符为非常用部件，需追溯还原方可理解甚至仍不可被理解。因此，该类义符不在主要义符统计范围内，如“鼠、鹿、鼎”和“㭊、玨、亠”等。

依据上述处理原则，我们对现代常用汉字中的义符进行提取划分，得到主要义符124组，共计145个，其中成字义符78个，变体成字义符19个，不成字义符28个。这些义符是为汉字应用和教学服务的，因此了解主要义符在实际应用和教学中所处的阶段等级情况是极为重要的。对主要义符等级分布统计的标准和方法为：对成字义符而言，成字字符作为一个独立汉字在《汉语国际教育用音节汉字词汇等级划分》中的等级即是该义符的等级，包括一级、二级、三级和超纲，如成字“酉”是超纲字，则成字义符“酉”也为超纲义符；对部分变体成字义符而言，按可还原的相关成字等级进行判定，如“水”为二级字，那么变体义符“氵”也为二级；对多音异义义符而言，如“几”作为义符，是“几案”义，那么根据《汉语国际教育用音节汉字词汇等级划分》中“几2”（几案）的等级判定该义符应为“二级”，而不选择“几1”（数量）的“一级”；对无直接关联汉字的不成字义符，根据其命名，找有相关意义联系的汉字进行等级选取，如走字边“辶”，选取“走”的等级，宝盖儿“宀”选取“宝”的等级，同类的还有病字框“疒”、敲字边“攴”、设字边“殳”等，但像隔字边“鬲”，因命名中的汉字与义符意义无关，所以不取；另外，对于一些命名相近、意义可关联、形体接近的义符，可以参考有等级的义符结果，保持一致。如“人——亻——彳”三个义符，形体接近，意义可关联，教学可同步，故三者都依据“人”的等级进行等级选取；剩余无法联系的义符便划为超纲，如“隹”“卩”。

根据统计，属于一级的主要义符 91 个“手水口木心人言肉月土金火女石日刀目衣力山马食车米页广鸟示雨门巾子牛鱼大耳立厂见气羊又十斤毛身父黑片文至风工角音多光男死香皮士走儿（扌、扌）、（氵）（忄、⺗）（亻）（讠）月1月2（钅）（灬）（刂、⺈）𧾷（衤）（饣）（礻）艹辶疒彳囗（⺶）廾殳匚廴”，占主要义符总数的 62.7%；属于二级的主要义符 24 个“虫贝玉田欠羽革寸辛斗鬼舌瓜几申豆骨⺮（王）纟糸宀攵/攴冫”，占主要义符总数的 16.6%；属于三级的主要义符 14 个“犬穴尸舟歹爪戈瓦卜齿卵（犭）彡罒”，占主要义符总数的 9.7%；属于超纲的主要义符 16 个“禾酉弓皿矢阝左阝右隹耒缶㐺釆豸鬲髟卩”，占主要义符总数的11%。可见，主要义符在初中级中所占比例还是很高的，非常适合作为汉字教学基础字的主要内容，且主要义符的等级分布结果可以作为基础字教学顺序安排的重要参考之一。

了解主要义符等级之后，接着要考虑成组教学时安排先后顺序的另外两个重要参数，一是表义度，二是构字数。以总体表义度44%[①]为界，表义度高于总体表义度的义符在选作基础字时，将是汉字教学中涉及构形内容时最先介绍的主要对象，如“手（扌）水（氵）口木（艹）人（亻）心（忄、⺗）言（讠）月1 月2（纟）土金（钅）辶女儿”。而表义度虽高，但所构形声字仅为 1 的义符在选作基础字时，将是汉字教学中练习补充的对象，目的是让学习者较全面和客观了解义符面貌，如“㐺骨齿十又寸爪（爫）舌至釆死几角多友鬲

① 比较诸家研究，虽然提法略有不同，数据结果略有差异，但可以看出形旁即义符在现代汉字中的表义能力普遍得到认可，总体表义度不足44%。

卵皮士髟”。

构字量是构字能力的直接体现，构字量多的构字能力强，构字能力强的，在教学中的位置就重要，就靠前。上述主要义符构字量分布情况大致为，在100以上的有“人（亻）口手（扌）水（氵）艹木日心（忄、⺗）”；在50—99之间的有“言（讠）土月/肉宀（纟）辶女金（钅）火（灬）”；在10—49之间的有“虫⺮石禾日疒阝贝刀（刂）⻊犬（犭）目玉衣（衤）力山马食（饣）车米穴页酉广鸟示（礻）雨攵/攴门田彳巾子皿牛囗尸冫”；10及以下的有“阝弓欠鱼舟羽彡大耳立厂革见歹气羊又寸廾殳隹辛十爪斤毛身戈罒矢斗鬼舌耒匚缶父瓜黑片瓦文至㫃廴风工几角音多光男采豸死卜齿香卯申鬲髟豆骨皮士（罓）”。

2. 声符

作为主要声符需要具备一定的构字能力，如果只构成1字，需满足“透明性”原则，即声符与所构字的读音完全相同；主要声符所构字的读音要呈系列出现，有一定的规律可循；主要声符总体上要规律明显且整齐，表音度要接近或者高于声符的总体表音度[①]，且所包含的音节也最好可以反映现代汉语中一定数量的基本音节。

据此，对声符中的一些具体情况有如下不同处理原则。对构字数为1的声符的处理，主要有三种情况：不属于规则表音，如声符与所构字韵母不同，听感差异明显，不选为主要声符，如“尹－伊、宿－缩、刷－涮、奈－捺、罢－摆、舍－啥、县－悬、散－撒、拍－啪、貌－藐、屋－握、窄－榨、肴－淆、焉－蔫、天－蚕、巷－港、幼－拗”；声韵调完全相同或声韵完全相同，符合“透明性”原则的，选为主要声符，如声韵调全同：“布－怖、名－铭、匆－葱、敦－墩、亭－停、哥－歌、库－裤、乎－呼、尝－偿、於－淤、厄－扼、乇－托、艾－哎、爵－嚼、阿－啊、剌－喇、禾－和、妻－凄、禀－凛、弓－躬、冒－帽、疏－蔬、巢－剿、引－蚓、觉－搅、

① 语言文字应用研究所汉字整理研究室，“从声韵调三方面考察”将“声韵调全同”、部分相同、“声韵调全不同”分成8种不同表音类型分别进行统计，然后将“各种表音类型的总分除以形声结构数”得出“声符总体表音度”约为66%。

冥一螟、闰一润、益一溢、普一谱、沓一踏、彭一澎、刘一浏、戚一喊、念一捻、孰一熟”；声韵相同：“北一背、要一腰、柬一谏、写一泻、臼一舅、本一笨、食（饣）一饰、人一认、爪一抓、旋一漩、禁一襟、桑一嗓、赞一攒、扇一煽、遂一隧、言一唁、寸一村、孟一猛、眉一媚、匝一砸、到一倒、困一捆、便一鞭、巧一窍、辱一褥、面一缅、为一伪、大一达”；仅韵母相同，声母或属于同一部位、或接近、或完全不同，因不符合“透明性”原则，不选为主要声符，如“阜—埠、助—锄、族—簇、频一濒、士一志、虫一融、造一糙、征一惩、杀一刹、郭一廓、狂一逛、规一窥、诸一储、癸一葵、总一聪、氏一纸、拜一湃、早一草、妾一接、自一息、山一灿、盾一循、孙一逊、束一速、重一董、充一统、翏一谬、岁一秽、景一影、惠一穗、吏一使、毛一耗、队一坠、畜一蓄、殳一股、客一额”。

对表音度极低声符的处理：构字能力差，且据现代汉字的读音来看，与所构字读音相差较远的声符，不选为主要声符，如“有一贿、关一联、万一厉迈、约一哟药、民一氓眠、贝一败坝、乐一砾烁、条一涤、首一道、世一泄、赤一赦、掌一撑、孔一吼、思一腮、百一陌、在一茬、皿一孟、臭一嗅”等；构字能力较差（所构字基本为 3 个以下），且所构字的读音分散，标音规律性差的声符，不选为主要声符，如“定一锭淀绽、切一窃砌彻、多一哆移爹、乏一眨泛贬、以一似拟、厷一宏雄、如一恕絮、若一诺匿、奉一捧棒”。

对有结构层级关系的声符的处理：对于部分声符在一级造字和二级造字中都能比较清晰地起到标音作用的，虽然所处的层级和身份发生了变化，但因为读音基本保留，这种情况下，只选取一级造字中的声符作为主要声符，如“古一姑一菇、甫一浦一蒲、工一空一控、米一迷一谜、兵一宾一缤、申一审一婶、朋一崩一蹦、化一华一哗、孛一勃一渤、亘一宣一喧、召一昭一照、丰一夆一逢一缝、委一魏一巍、长一张一涨”等，只选取“古、甫、工、米、兵、申、朋、化、孛、亘、召、丰、委、长”作为主要声符。但如果与所构字的读音不同，且所构字又作声符构成其他系列汉字，则这两个声符都选作主要声符，如“肃－萧－潇、元－完－皖、立－拉－啦、宛－宛－碗”，我们将“肃、萧、元、完、立、拉、宛、宛”都列为主要声符。

依据上述处理原则，我们从现代常用汉字738个声符中提取得到主要声符625个。声符主要功能是标音，所以主要声符及其所构字应该体现一定数量的音节。音节是汉语很重要的语言单位，且数量有限，据《现代汉语词典》音节表显示，基本音节1298个，《汉语国际教学用音节汉字词汇等级划分》遵照删除方言音节、古汉语音节、拟声词音节及书面上的文言词语音节，选取基本音节 1206个。为此，我们将625个主要声符及2235个所构字的音节进行了统计，统计结果显示其涵盖了《汉语国际教育用音节汉字词汇等级划分》中的1206个基本音节，因此主要声符可以作为基础字选取的主要对象之一。

与主要义符一样，主要声符也是构字的基础，是汉字应用和教学的又一主要内容，参考《汉语国际教育用音节汉字词汇等级划分》，主要声符中的成字声符等级分布情况如下：

属于一级的主要声符256个“交、工、包、方、古、青、高、龙、反、非、区、羊、占、旁、生、中、主、加、力、争、共、其、平、央、朋、比、经、只、司、同、及、知、取、才、母、正、利、将、里、安、长、直、留、容、马、相、五、义、用、劳、票、考、星、久、至、专、王、夫、风、子、介、己、离、度、章、先、化、更、那、永、八、回、向、成、康、原、家、具、建、间、沙、代、春、退、农、太、历、两、连、复、象、口、下、来、喜、展、店、府、象、夜、式、术、朝、了、满、东、会、求、敢、金、无、刀、武、完、单、句、奇、参、各、者、干、皮、台、且、保、京、由、半、文、少、每、支、我、止、公、周、今、可、录、是、曾、弟、并、次、齐、土、秋、军、林、门、九、告、千、见、从、坐、全、此、因、麻、元、员、某、十、必、前、难、贵、发、采、于、米、卖、解、查、广、斤、黑、需、立、果、白、危、失、开、西、真、感、属、光、也、不、去、出、它、易、内、明、音、丰、累、办、布、名、到、哥、困、便、要、与、为、然、面、何、务、般、北、备、典、段、写、堂、之、受、右、左、产、希、老、气、鱼、史、市、父、新、科、本、人、火、拉、言、觉、普、念、肯、寸、息、木、衣、师、或、黄、冬、合、大、儿”，占总数的 40. 8%。

属于二级的主要声符 127 个“令、分、巴、扁、牙、几、申、旦、登、免、巨、帝、宗、夹、焦、云、付、朵、宁、皇、胡、末、尤、灰、兵、暴、乙、当、列、官、览、昌、凶、委、豆、井、斗、秀、昏、胃、居、竟、叉、凡、乌、丈、豪、郎、即、蒙、雷、戒、奏、敬、尊、甘、番、串、赖、延、竞、库、乎、尝、允、贯、岛、隐、虑、虚、辛、尺、旋、厉、禁、赞、扇、阿、妻、冒、巧、引、益、磨、悉、亚、矛、尚、仓、良、亡、召、户、予、兼、寺、鬼、勺、甲、余、监、炎、谷、未、咸、则、折、庄、童、欠、册、既、瓜、肃、丑、吉、舌、田、执、寿、骨、享、欣、率、尔、甚、侵”，占总数的 20. 4%。

属于三级的主要声符 80 个“肖、朱、莫、辟、丁、罗、冈、勾、夸、廷、荧、苗、垂、旬、邦、兰、尼、荒、丙、伏、奴、婴、奥、呈、斯、柔、畏、伐、旨、顷、亦、勿、匆、敦、亭、翁、辱、早、董、朿、芒、阁、刑、函、丐、禽、遣、晃、丘、爪、贞、卦、桑、遂、艾、爵、疏、巢、戚、隆、眉、萧、卜、乔、兑、兆、孝、皆、卓、卑、玄、川、斩、乃、匀、乞、屈、昔、昆、君”，占总数的 13%。

对不成字声符，暂且统一划入超纲范围，在进入代表字选取阶段，再按照所选代表字的等级进行二次统计。属于超纲的主要声符 162 个“娄、隋、弗、敝、舜、巫、弓、禾、禀、冥、闰、彭、刘、孰、羔、滕、孟、聂、卢、袁、洛、彦、朔、唐、兹、丕、曹、亥、乘、韦、宛、刃、匡、亢、屯、辰、乍、吴、厓、崔、尉、敖、侯、吾、州、詹、丞、朕、矢、尧、卒、戎、刺、耦、蔺、耶、匝、耤、胥、甫、卯、甬、尞、喿、畐、俞、曼、仑、奂、叟、奄、爰、叚、赛、荅、圭、音、臽、俞、孛、匋、孚、夋、交、禺、丬、氏、咢、啇、尃、艮、辡、夗、隹、曷、藋、覃、彡、疌、夷、忝、匊、昷、粦、妟、宓、卤、呙、堇、疋、桼、臤、亘、亨、耑、襄、夭、刍、幺、束、卬、敫、丩、丂、蚤、舀、佥、贲、市、夬、亶、冘、枼、矣、豕、壬、乚、犮、臼、乞、刁、鬲、巳、於、厄、乇、沓、戋、尗、孛、亘、虍、畺、龹、卂、肙、䍃、翏、貟、勿、𢦏、亦”，占总数的 25.8%。

（二）基础字的初步选取

根据上述分析，考虑汉字教学的主要对象、目的以及汉字教学与汉语教学的关系，初步选出教学用基础字 770 个，主要包括 145 个主要义符和 625 个主要声符，对于其中的不成字义符声符则考虑选取代表字。

义符代表字的选取依据来自对等级、表义表音度、结构笔画及实用等的综合考虑。如不成字义符“宀”构成 34 个形声字，其中有 10 个一级字“客、富、寄、完、定、宣、宫、宜、官、实”，从表音度以及声符字的常用度考虑，删除 6 个字“定、宫、宜、官、实、宣”，然后从表义度、结构、笔画综合考虑，最终选取“客”为代表字；不成字义符“彳”构成 13 个形声字，其中属于一级的 3 个：往、待、街，从中选取构词能力强且笔画数较少的“往”为代表字；不成字义符“阝”所构字中的“部”虽为一级字，但是表义表音度都不如“郊”高，且“郊”的笔画数少于“部”，所以选定“郊”为代表字；成字变体义符“扌”构成 184 个形声字，首先根据字频、等级，筛选出一级字 25 个“托、技、抓、把、批、挺、护、抱、拉、招、挂、持、拍、指、按、报、播、打、掉、搞、接、排、提、推、找”，然后筛选出构词能力强的 13 个“抓、拉、挂、拍、指、按、报、打、掉、搞、接、提、找”，再筛选出笔画数较少且表义度较高的 5 个“抓、拉、拍、打、找”，最后看哪一个字更贴近外国人最基本的实际需要而定，筛选出“打”为代表字；成字变体义符“灬”所构 9 个形声字中有 4 个属于一级“烈、熟、照、热”，去掉笔画复杂的“熟”，根据外国人最先接触到的认知需求，选定“热”为代表字。

声符代表字的选取原则为，首先选择与声符字读音相同的等级最低的所构字，如“甬(yǒng)”，所构字“涌俑蛹勇(yǒngyǒngyǒngyǒng) 通痛桶捅诵(tōngtòngtǒngtǒngsòng)”，与“甬(yǒng)”发音相同的汉字除了“勇”是 2 级以外，其他均为 3 级字，故选取“勇”为代表字。如果与声符相同读音的所构字属于超纲字，可以考虑选取其他成系列读音中的等级较低的字作为代表字，如“幺”，所构字“吆幽(yāoyōu)”，“吆”是超纲字，选取“幽”为代表字。对于部分只构成 1 字的不成字声符，既不方便讲解，也没有选取代表字的意义，所以不进行选取。值得提出的是，部分属于现代常用字但在对外汉语教学中属于超纲或 3 级的成字声符“曼、娄、仑、宛、夷、乃、尧、亢、卯、屯、亥、乍、辰、襄、矢”，因本身不如所构字常用度高，所以也要选取代表字。

遵循上述原则和依据，以主要义符和声符为对象初步选出基础字共计 770 个，其中部分义符兼有表音功能或者声符兼有表义功能，如“人、口、土、刀、衣、火、木、力、门、子、白、气、立、斤、黑、父、见、羊、风、工、音、文、光、至、十、鱼、马、米、皮、言、欠、舌、王、辛、广、禾、弓、心、金、爪、卜、骨、寸、几、申、鬼、田、大、矢、豆、瓜、斗、隹、鬲、饣”，先后出现了两次，所以计数时需要减去 55 个；部分不成字声符和变体义符“沓、毛、⺌、丬、攴、髟”常用字范围内所构字只有 1 个，且有的所构字还属于超纲汉字，因此既没有选取代表字的必要，也没有在教学中专门单列的必要，故建议删除此类字符 6 个；还有部分义符代表字，同时其本身又是声符字的，如“罗、悉、羔、建、累、采”，对此只以义符代表字身份列出“〈罗〉、〈悉〉、〈羔〉、〈建〉、〈累〉、〈采〉”，在功能分布时附加注明“表音”，故计数上又需删除 6 个；但对于“彡”而言，由于其意义在现代汉语中已不再使用，在对外汉字教学中也就不便讲解，所以分别选取了表义代表字“彩”和表音代表字“衫”，故计数上需增加 1 个。如此统计下来，基础字数量实际共计 704 个。

这 704 个基础字的排列和分类标准为：根据义符得到的基础字首先按等级进行分类，然后每一类又按其构字数量进行排序。根据声符得到的基础字则首先按表音情况进行分类，即完全表音及表音极高、基本表音、表音较差。判断标准根据声符所构字主要数量而定，如“亡”：所构字中完全表音的 3 个，基本表音的 4 个，我们按“基本表音”计算，如果完全表音的数量和基本表音的数量相同，则暂且按“完全表音”计算，如“卷”“帝”。根据表音情况分出的每一类字，再按照构字数进行排序。据此，基础字的排列结果见表 2.1：

表 2.1　基础字分布情况

<table>
<tr><th colspan="3">分类</th><th>按构字数排序</th></tr>
<tr><td rowspan="7">义符</td><td colspan="2">一级义符</td><td>手〈打〉〈举〉水〈河〉口木〈花〉人〈们〉心〈怕〉言〈说〉月肉〈肚〉土金〈钱〉〈进〉女火〈热〉石刀〈划〉〈病〉日〈跑〉目山衣〈补〉车马页力〈往〉食〈饭〉米广鸟雨示〈礼〉巾鱼耳〈围〉厂〈设〉门子牛气大立斤身毛父见羊片风工音光男〈弄〉黑〈建〉〈客〉文至角死多香皮士又十走几〈彩〉儿〈采〉</td></tr>
<tr><td colspan="2">二级义符</td><td>〈线〉虫〈笔〉贝玉〈珍〉〈放〉〈冷〉田欠羽〈累〉革鬼斗瓜豆辛骨寸申舌〈却〉</td></tr>
<tr><td colspan="2">三级义符</td><td>犬〈狗〉穴尸舟歹戈〈罗〉瓦卜齿爪卵</td></tr>
<tr><td rowspan="4">超纲</td><td>一级</td><td>〈阳〉〈酒〉</td></tr>
<tr><td>二级</td><td>〈郊〉〈悉〉〈旗〉〈盒〉</td></tr>
<tr><td>三级</td><td>〈耕〉〈缸〉〈匠〉</td></tr>
<tr><td>超纲</td><td>禾弓隹{豸}矢〈羔〉</td></tr>
<tr><td rowspan="3">声符</td><td rowspan="3">一级声符</td><td>完全、极高表音</td><td>交包方古高青占龙反非区旁生中主〈慢〉〈楼〉加争共其平正利己单〈顿〉句将里央朋比经相五介奇只司同及母长直留容章先化更王安〈碗〉知取才义用劳票考星久专夫离度那永八回参〈奶〉了东向成康原家具间沙代春退农太历两连复象下来喜展店府夜式术朝满会求敢无武完</td></tr>
<tr><td>基本表音</td><td>各者干白台且京由半少每支我止公周今〈晨〉〈孩〉可录林九告因麻元果也不真危失开是曾弟并次齐秋军员于卖需出它去千从坐全此某必前难贵发 易内解查西感属明丰办段布名到哥困便要与为然面何务般北备典写堂之受右左产希老史市新科本拉觉普念肯息师或黄</td></tr>
<tr><td>表音较差</td><td>合冬</td></tr>
</table>

续表

<table>
<tr><th></th><th colspan="2">分类</th><th colspan="2">按构字数排序</th></tr>
<tr><td rowspan="15"></td><td rowspan="2">二级声符</td><td>完全、极高表音</td><td colspan="2">令分巴扁牙旦登免巨〈轮〉帝宗夹焦云付朵宁皇胡末尤灰兵暴乙当列官览昌凶委井秀昏胃居竟叉凡乌丈豪郎即蒙雷戒奏敬尊甘番〈姨〉串赖延竞库乎尝允贯岛隐虑虚尺旋厉禁赞扇阿妻冒巧引益磨亚矛侵</td></tr>
<tr><td>基本表音</td><td colspan="2">尚仓良尧〈绕〉亡召户亢〈抗〉卯〈贸〉乍〈炸〉予兼寺勺甲余监炎谷襄〈壤〉未咸则折吉庄童册既肃丑曹〈遭〉卬〈仰〉执寿享欣率尔甚</td></tr>
<tr><td rowspan="2">三级声符</td><td>完全、极高表音</td><td colspan="2">肖朱莫辟丁冈勾夸廷荧苗垂旬邦兰尼荒丙伏奴婴奥呈斯柔畏伐旨顷亦勿匆敦亭翁辱早董柬芒阁刑函丐禽遣晃丘贞卦桑遂爵疏巢戚隆眉萧</td></tr>
<tr><td>基本表音</td><td colspan="2">乔兑兆卓卑玄川斩匀乞屈孝皆昔昆君丞〈拯〉朕〈腾〉</td></tr>
<tr><td rowspan="11">超纲声符</td><td rowspan="4">完全表音及表音极高</td><td>一级</td><td>〈澡〉〈福〉〈场〉〈浅〉〈换〉〈状〉〈低〉〈流〉〈练〉〈温〉〈脑〉〈班〉</td></tr>
<tr><td>二级</td><td>〈勇〉〈愉〉〈遇〉〈搜〉〈弯〉〈怨〉〈滴〉〈援〉〈掏〉〈峰〉〈浮〉〈违〉〈辩〉〈卷〉〈载〉〈赛〉〈迅〉〈摇〉〈撤〉〈捐〉〈傲〉〈宴〉〈密〉〈添〉〈刺〉〈拔〉</td></tr>
<tr><td>三级</td><td>〈僚〉〈俊〉〈凌〉〈淹〉〈勃〉〈框〉〈崖〉〈塌〉〈灌〉〈衫〉〈捷〉〈菊〉〈锁〉〈谨〉〈漆〉</td></tr>
<tr><td>超纲</td><td>{愕}吴唐刃{潭}{磷}隋弗敝崔保吾侯州尉彦亨舜巫禀冥闰彭刘孰滕孟聂卢袁洛朔乘刁鬲巳於厄刺耦耶匝耤胥戎臼{蔺}</td></tr>
<tr><td rowspan="4">基本表音</td><td>一级</td><td>〈跟〉〈喝〉〈快〉〈宣〉〈假〉〈任〉〈楚〉〈坚〉</td></tr>
<tr><td>二级</td><td>〈签〉〈辅〉〈傅〉〈陷〉〈锅〉〈醉〉〈塔〉〈叔〉〈虎〉〈蹈〉〈趋〉〈挨〉〈肺〉〈喷〉〈幽〉</td></tr>
<tr><td>三级</td><td>〈滋〉〈胚〉〈桂〉〈剖〉〈枕〉〈颤〉〈碟〉〈僵〉〈骚〉〈琢〉〈扎〉</td></tr>
<tr><td>超纲</td><td>{詹}</td></tr>
<tr><td rowspan="3">表音较差</td><td>一级</td><td>〈号〉</td></tr>
<tr><td>二级</td><td>〈端〉〈纠〉</td></tr>
<tr><td>三级</td><td>〈妖〉〈缴〉</td></tr>
</table>

注："〈〉"为代表字，"{}"为代表字属于超纲字。

（三）基础字的调整

结合实际教学和应用，针对上述选取的基础字，从删减和增补两方面进行再次干预。

删减内容为：部分 3 级和超纲且构字数为 1 的基础字，如“刘、孟、聂、卢、袁、洛、朔、乘、耦、耶、耤、胥、巳、於、厄、巫、冥、舜、彭、孰、滕、巢、敦、爵、戚、隆、藺”。除了“刘、孟、卢、袁、洛”由于属于常用姓氏和地名，可继续保留外，其余“聂、朔、耦、耶、耤、胥、舜、彭、孰、滕、巢、敦、爵、戚、隆、藺、乘”17 字不但结构复杂，且平均笔画在 10 以上，所构字除了“熟、籍、剩”之外，大都属于对外汉语教学中的超纲汉字，而“熟、籍、剩”字可以在讲“灬、⺮、刂”时出现，故以上 17 个汉字可以从基础字中删除；“巳、於、厄、巫、冥”5 字与其所构字都属于超纲字，没有作为基础字的意义，故删除；“刁、臼、剌、匝、戎、闰”6 字都属于超纲字，构字数均为 1，且所构字“叼、舅、喇、砸、绒、润”，放在义符系统下学习更易理解和认读，故删除。再有，根据之前的声符处理原则，“隶”和“康”都为主要声符，但观察发现“隶”的所构字读音统一为其他读音，故删除“隶”，直接选取“康”为基础字。如此计算，共计删除 30 字。

增补内容为：表示数字和时间的代表字 6 个“二、三、四、六、七、年”，表示方向的代表字 3 个“后、南、上”，部分体现汉语特点的虚词代表字 7 个“个、的、得、别、着、在、再”，最常用姓氏和地名代表字 3 个“李、赵、海”，共计 19 字。

另外，需要说明的一个情况是，有 5 个超纲基础字“咢〈{愕}〉覃〈{潭}〉粦〈{磷}〉豸〈{豺}〉”，代表字和所构字都属于超纲范围，但考虑到“豸〈{豺}〉”作为义符，如果保留，有利于形成对主要义符的完整认识，而其他 4 个声符，虽然结构复杂，笔画繁多，但具有 2 个以上的构字数，且表音度极高，可以保留，作为后期内容进行教授。最后，得出调整后的基础字共计 694 个。

第三章　基础字的描写与分析

第一节　基础字的结构功能分析

基础字属于认知书写汉字的主要内容，后期的汉字都围绕其进行扩展学习，所以对基础字习得的过程必然是对其字音字义的熟知以及字形的加工过程。根据对非汉字圈留学生进行的字形加工测试的结果可知，结构、笔形、笔画数是影响字形加工的因素之一。所以在对基础字进行描写分析时，除了等级、功能、构字数以外，还要有内部结构和外部结构的分析。见表 3.1 内部结构即汉字构字类型，依据苏培成先生的“新六书”理论，主要包括“记号、合体记号、义＋义、义＋音、义＋记、音＋记”六种。其中记号字由一个记号构成，主要来自古代的象形字，从现代楷书形体上已经看不出所象为何物，也看不出该怎么读音；部分来自古代的假借字，这样的字经溯源也不能说明字形和字义的关系，如“我”；部分来自古代的指事字，如“本”；还有部分来自合体字的简化，如“乐”。合体记号字由两个或两个以上的记号构成,这些字有些来自古代象形字，如“它”；有些来自古代的形声字，到现代这些字的义符和声符都失去了作用，如“骗”；有些来自古代的会意字，如“至”；还有一些来自简化字，如“听、头”。对于记号字的判定，主要采取从教学实际出发的较宽原则，即凡是在现代汉语中无法进行音、义联系，且不利于教学及应用的，都将视为记号，看作一个或几个部件进行处理。此外，在汉字内部结构具体分析中，有部分汉字的处理与苏先生的观点略有不同，如“缸”，苏先生认为“现在缸不读工，工是记号”，但从第二章的分析来看，“工”的所构字中有这样成系列的一组字“肛杠缸扛”，发音有规律可循，故在本研究中“缸”被界定为“义＋音”结构。至于外部结构，主要遵循李行健先生主编的《小学生规范字典》（语文出版社，1995 年 5 月第一版）中对汉字结构的划分，即独体字和合体字两大类，其中合体字包括上下结构、左右结构、半包围结构、包围结构和特殊结构五种，其中，把上中下和左中右两种结构分别归到上下和左右之中，对“特殊”的处理包括两种情况：嵌套、关系不明确。

表 3.1 基础字的结构功能

序号	基础字	等级	内部结构	外部结构	笔画数	功能分布	构字总数
1	口	1 级	记号	独体	3	表义、音	212
2	木	1 级	记号	独体	4	表义、音、记号	163
3	日	1 级	记号	独体	4	表义、记号	124
4	土	1 级	记号	独体	3	表义、音、记号	110
5	月	1 级	记号	独体	4	表义、记号	102
6	人	1 级	记号	独体	2	表音、记号	77
7	又	1 级	记号	独体	2	表义、记号	74
8	女	1 级	记号	独体	3	表义、记号	71
9	广	1 级	记号	独体	3	表义、音、记号	55
10	儿	1 级	记号	独体	2	表义、记号	51
11	十	1 级	记号	独体	2	表音、义、记号	50
12	心	1 级	记号	独体	4	表义、音、记号	47
13	火	1 级	记号	独体	4	表义、音、记号	45
14	石	1 级	记号	独体	5	表义	43
15	山	1 级	记号	独体	3	表义、记号	43
16	目	1 级	记号	独体	5	表义、记号	40
17	立	1 级	记号	独体	5	表义、音、记号	38
18	力	1 级	记号	独体	2	表义、音、记号	38

续表

序号	基础字	等级	内部结构	外部结构	笔画数	功能分布	构字总数
19	米	1级	记号	独体	6	表义、音、记号	32
20	大	1级	记号	独体	3	表义、音、记号	30
21	巾	1级	记号	独体	3	表义、记号	28
22	车	1级	记号	独体	4	表义	27
23	马	1级	记号	独体	3	表义、音	26
24	页	1级	记号	独体	6	表义	26
25	门	1级	记号	独体	3	表义、音	24
26	雨	1级	记号	独体	8	表义、记号	23
27	工	1级	记号	独体	3	表音、义、记号	23
28	止	1级	记号	独体	4	表音[基本]、记号	22
29	子	1级	记号	独体	3	表义、音、记号	20
30	厂	1级	记号	独体	2	表义、记号	19
31	士	1级	记号	独体	3	表义、记号	19
32	白	1级	记号	独体	5	表音[基本]、记号、义	19
33	几	1级	记号	独体	2	表义、音、记号	19
34	刀	1级	记号	独体	2	表义、音	18
35	鸟	1级	记号	独体	5	表义	18
36	斤	1级	记号	独体	4	表义、音、记号	18
37	耳	1级	记号	独体	6	表义、记号	16
38	羊	1级	记号	独体	6	表义、音	14
39	鱼	1级	记号	独体	8	表义、音、记号	12
40	牛	1级	记号	独体	4	表义	12
41	方	1级	记号	独体	4	表音[完全]	11
42	干	1级	记号	独体	3	表音[基本]	11
43	文	1级	记号	独体	4	表音、义、记号	10

续表

序号	基础字	等级	内部结构	外部结构	笔画数	功能分布	构字总数
44	高	1级	记号	独体	10	表音[完全]	10
45	手	1级	记号	独体	4	表义	9
46	且2	1级	记号	独体	5	表音[基本]	9
47	龙	1级	记号	独体	5	表音[完全]、记号	8
48	非	1级	记号	独体	8	表音[完全]、记号	8
49	京	1级	记号	上下	8	表音[基本]、记号	8
50	由	1级	记号	独体	5	表音[基本]、记号	8
51	半	1级	记号	独体	5	表音[基本]、记号	8
52	少	1级	记号	独体	4	表音[基本]	8
53	里	1级	记号	独体	7	表音[完全]、记号	8
54	气	1级	记号	独体	4	表义、音	7
55	衣	1级	记号	独体	6	表义、音	7
56	言	1级	记号	独体	7	表义、音	7
57	生	1级	记号	独体	5	表音[完全]、记号	7
58	中	1级	记号	独体	4	表音[完全]、记号	7
59	主	1级	记号	独体	5	表音[完全]	7
60	我	1级	记号	独体	7	表音[基本]	7
61	角	1级	记号	独体	7	表义、记号	6
62	身	1级	记号	独体	7	表义、记号	6
63	毛	1级	记号	独体	4	表义、音	6
64	水	1级	记号	独体	4	表义	6
65	单3	1级	记号	独体	8	表音[完全]	6
66	公	1级	记号	独体	4	表音[基本]	6
67	今	1级	记号	独体	4	表音[基本]、记号	6
68	其	1级	记号	独体	8	表音[完全]、记号	6
69	平	1级	记号	独体	5	表音[完全]	6
70	正	1级	记号	独体	5	表音[完全]、记号	6

续表

序号	基础字	等级	内部结构	外部结构	笔画数	功能分布	构字总数
71	己	1级	记号	独体	3	表音[完全]、记号	6
72	央	1级	记号	独体	5	表音[完全]	5
73	五	1级	记号	独体	4	表音[完全]	5
74	九	1级	记号	独体	2	表音[基本]、记号	5
75	元	1级	记号	独体	4	表音[基本]	5
76	果	1级	记号	独体	8	表音[基本]、记号	5
77	也	1级	记号	独体	3	表音[基本]	5
78	不	1级	记号	独体	4	表音[基本]	5
79	示	1级	记号	独体	5	表义	4
80	父	1级	记号	独体	4	表义、音	4
81	直	1级	记号	独体	8	表音[完全]	4
82	及	1级	记号	独体	3	表音[完全]	4
83	母	1级	记号	独体	5	表音[完全]	4
84	长	1级	记号	独体	4	表音[完全]	4
85	更	1级	记号	独体	7	表音[完全]	4
86	弟	1级	记号	独体	7	表音[基本]	4
87	并	1级	记号	独体	6	表音[基本]	4
88	失	1级	记号	独体	5	表音[基本]	4
89	开	1级	记号	独体	4	表音[基本]、记号	4
90	出	1级	记号	独体	5	表音[基本]	4
91	于	1级	记号	独体	3	表音[完全]	4
92	王	1级	记号	独体	4	表音[完全]、记号	4
93	片	1级	记号	独体	4	表义	3
94	才	1级	记号	独体	3	表音[完全]、记号	3
95	义	1级	记号	独体	3	表音[完全]	3
96	用	1级	记号	独体	5	表音[完全]	2
97	久	1级	记号	独体	3	表音[完全]	3

续表

序号	基础字	等级	内部结构	外部结构	笔画数	功能分布	构字总数
98	专	1 级	记号	独体	4	表音[完全]	3
99	夫	1 级	记号	独体	4	表音[完全]	3
100	永	1 级	记号	独体	5	表音[完全]、记号	3
101	八	1 级	记号	独体	2	表音[完全]、记号	3
102	千	1 级	记号	独体	3	表音[基本]、记号	3
103	西	1 级	记号	独体	6	表音[基本]	3
104	去	1 级	记号	独体	5	表音[基本]、记号	4
105	内	1 级	记号	独体	4	表音[基本]	3
106	必	1 级	记号	独体	5	表音[完全]	3
107	肉	1 级	记号	独体	6	表义	2
108	成	1 级	记号	独体	6	表音[完全]	2
109	具	1 级	记号	独体	8	表音[完全]	2
110	农	1 级	记号	独体	6	表音[完全]	2
111	了	1 级	记号	独体	2	表音[完全]、记号	3
112	术	1 级	记号	独体	5	表音[完全]	2
113	东	1 级	记号	独体	5	表音[完全]、记号	3
114	求	1 级	记号	独体	7	表音[完全]	2
115	太	1 级	记号	独体	4	表音[完全]	2
116	象	1 级	记号	独体	11	表音[完全]、记号	3
117	下	1 级	记号	独体	3	表音[完全]	2
118	来	1 级	记号	独体	7	表音[完全]	2
119	两	1 级	记号	独体	7	表音[完全]	2
120	丰	1 级	记号	独体	4	表音[基本]	2
121	无	1 级	记号	独体	4	表音[完全]	2
122	与	1 级	记号	独体	3	表音[基本]、记号	1
123	为	1 级	记号	独体	4	表音[基本]	1
124	面	1 级	记号	独体	9	表音[基本]	1
125	之	1 级	记号	独体	3	表音[基本]、记号	1

续表

序号	基础字	等级	内部结构	外部结构	笔画数	功能分布	构字总数
126	产	1级	记号	独体	6	表音[基本]	1
127	本	1级	记号	独体	5	表音[基本]	1
128	市	1级	记号	独体	5	表音[基本]	1
129	黄	1级	记号	独体	11	表音[基本]	1
130	史	1级	记号	独体	5	表音[完全]	1
131	见	1级	记号	独体	4	表义、音	13
132	交	1级	合体记号	上下	6	表音[完全]	13
133	者	1级	合体记号	上下	8	表音[基本]	12
134	走	1级	合体记号	上下	7	表义	12
135	皮	1级	合体记号	半包围	5	表音、义	11
136	音	1级	合体记号	上下	9	表音、义	11
137	包	1级	合体记号	特殊	5	表音[完全]	11
138	青	1级	合体记号	上下	8	表音[完全]	9
139	台	1级	合体记号	上下	5	表音[基本]	9
140	至	1级	合体记号	上下	6	表音、义	8
141	反	1级	合体记号	半包围	4	表音[完全]	8
142	每	1级	合体记号	上下	7	表音[基本]	7

续表

序号	基础字	等级	内部结构	外部结构	笔画数	功能分布	构字总数
143	共	1级	合体记号	上下	6	表音[完全]	6
144	争	1级	合体记号	上下	6	表音[完全]	6
145	周	1级	合体记号	半包围	8	表音[基本]	6
146	风	1级	合体记号	半包围	4	表义、音	5
147	介	1级	合体记号	上下	4	表音[完全]	5
148	真	1级	合体记号	上下	10	表音[完全]	5
149	朋	1级	合体记号	左右	8	表音[完全]	5
150	录	1级	合体记号	上下	8	表音[基本]	5
151	因	1级	合体记号	包围	6	表音[基本]	5
152	光	1级	合体记号	上下	6	表义、音	4
153	同	1级	合体记号	半包围	6	表音[完全]	4
154	只	1级	合体记号	上下	5	表音[完全]	4
155	先	1级	合体记号	上下	6	表音[完全]	4
156	是	1级	合体记号	上下	9	表音[基本]	4

续表

序号	基础字	等级	内部结构	外部结构	笔画数	功能分布	构字总数
157	曾	1级	合体记号	上下	12	表音[基本]	4
158	齐	1级	合体记号	上下	6	表音[基本]	4
159	需	1级	合体记号	上下	14	表音[基本]	4
160	它	1级	合体记号	上下	5	表音[基本]	4
161	危	1级	合体记号	半包围	6	表音[基本]	4
162	回	1级	合体记号	包围	6	表音[完全]	3
163	参2	1级	合体记号	上下	8	表音[完全]	3
164	票	1级	合体记号	上下	11	表音[完全]	3
165	离	1级	合体记号	上下	10	表音[完全]	3
166	那	1级	合体记号	左右	6	表音[完全]	3
167	易	1级	合体记号	上下	8	表音[基本]	3
168	全	1级	合体记号	上下	6	表音[基本]	3
169	某	1级	合体记号	上下	9	表音[基本]	3
170	前	1级	合体记号	上下（左右）	9	表音[基本]	3

续表

序号	基础字	等级	内部结构	外部结构	笔画数	功能分布	构字总数
171	难	1级	合体记号	左右	10	表音[基本]	3
172	发	1级	合体记号	独体	5	表音[基本]	3
173	死	1级	合体记号	左右	6	表义	2
174	向	1级	合体记号	半包围	6	表音[完全]	2
175	康	1级	合体记号	半包围	11	表音[完全]	2
176	复	1级	合体记号	上下	9	表音[完全]	2
177	夜	1级	合体记号	上下（左右）	8	表音[完全]	2
178	属	1级	合体记号	半包围	12	表音[基本]	2
179	查	1级	合体记号	上下	9	表音[基本]	2
180	会	1级	合体记号	上下	6	表音[完全]	2
181	食	1级	合体记号	上下	9	表义	1
182	金	1级	合体记号	上下	8	表义、音	1
183	老	1级	合体记号	上下	6	表音[基本]	1
184	哥	1级	合体记号	上下	10	表音[基本]	1

续表

序号	基础字	等级	内部结构	外部结构	笔画数	功能分布	构字总数
185	要	1 级	合体记号	上下	9	表音基本	1
186	然	1 级	合体记号	上（左右）下	12	表音基本	1
187	般	1 级	合体记号	左右（上下）	10	表音基本	1
188	北	1 级	合体记号	左右	5	表音基本	1
189	备	1 级	合体记号	上下	8	表音基本	1
190	典	1 级	合体记号	上下	8	表音基本	1
191	段	1 级	合体记号	左右（上下）	9	表音基本	2
192	写	1 级	合体记号	上下	5	表音基本	1
193	师	1 级	合体记号	左右	6	表音基本	1
194	希	1 级	合体记号	上下	7	表音基本	1
195	肯	1 级	合体记号	上下	8	表音基本	1
196	或	1 级	合体记号	半包围	8	表音基本	1
197	左	1 级	合体记号	半包围	5	表音基本	1
198	右	1 级	合体记号	半包围	5	表音基本	1

续表

序号	基础字	等级	内部结构	外部结构	笔画数	功能分布	构字总数
199	讠<说>	1级	义+义[音]	左右	9	表义	76
200	阝<阳>	1级	义+义	左右	6	表义	43
201	刂<划>	1级	义+义	左右	6	表义	36
202	酉<酒>	1级	义+义	左右	10	表义	19
203	殳<设>	1级	义+义	左右	6	表义、记号	17
204	廴<建>	1级	义+义	半包围	8	表义、音	12
205	古	1级	义+义	上下	5	表音[完全]	10
206	合	1级	义+义	上下	6	表音[较差]	9
207	一<羔>	1级	义+义	上下	10	表义、记号、音	7
208	安	1级	义+义	上下	4	表音	6
209	廾<弄>	1级	义+义	上下	7	表义、记号	6
210	加	1级	义+义	左右	5	表音[完全]	6
211	利	1级	义+义	左右	7	表音[完全]	6
212	黑	1级	义+义	上下	12	表义、音	5
213	相	1级	义+义	左右	9	表音[完全]	5
214	林	1级	义+义	左右	8	表音[基本]	5
215	多	1级	义+义	上下	6	表义	5
216	容	1级	义+义	上下	10	表音[完全]	4
217	章	1级	义+义	上下	11	表音[完全]	4
218	秋	1级	义+义	左右	9	表音[基本]	4
219	军	1级	义+义	上下	6	表音[基本]	4
220	爫<采>	1级	义+义	上下	8	表义、表音[基本]	4
221	取	1级	义+义	左右	8	表音[完全]	3
222	从	1级	义+义	左右	4	表音[基本]	3
223	坐	1级	义+义	特殊	7	表音[基本]	3
224	此	1级	义+义	左右	6	表音[基本]	3
225	男	1级	义+义	上下	7	表义	2

续表

序号	基础字	等级	内部结构	外部结构	笔画数	功能分布	构字总数
226	喜	1 级	义＋义	上下	12	表音[完全]	2
227	家	1 级	义＋义	上下	10	表音[完全]	2
228	间	1 级	义＋义	半包围	7	表音[完全]	2
229	连	1 级	义＋义	半包围	7	表音[完全]	2
230	解	1 级	义＋义＋义	左右（上下）	13	表音[基本]	2
231	明	1 级	义＋义	左右	8	表音[基本]	2
232	玨〈班〉	1 级	义＋义	左右	10	表音[完全]	2
233	香	1 级	义＋义	上下	9	表义	1
234	名	1 级	义＋义	上下	6	表音[基本]	1
235	困	1 级	义＋义	全包围	7	表音[基本]	1
236	便	1 级	义＋义	左右	9	表音[基本]	1
237	科	1 级	义＋义	左右	9	表音[基本]	1
238	息	1 级	义＋义[音]	上下	10	表音[基本]	1
239	氵〈河〉	1 级	义＋音	左右	8	表义	192
240	艹〈花〉	1 级	义＋音	上下	7	表义、记号	169
241	亻〈们〉	1 级	义＋音	左右	5	表义、记号	143
242	辶〈进〉	1 级	义＋音	左右	7	表义、记号	73
243	肉月〈肚〉	1 级	义＋音	左右	7	表义、记号	72
244	钅〈钱〉	1 级	义＋音	左右	10	表义、音	67
245	忄〈怕〉	1 级	义＋音	左右	8	表义	65
246	疒〈病〉	1 级	义＋音	左右	10	表义	37
247	𧾷〈跑〉	1 级	义＋音	左右	12	表义、音	35
248	囗〈围〉	1 级	义＋音	左右	7	表义、记号	23
249	衤〈补〉	1 级	义＋音	左右	7	表义	21
250	饣〈饭〉	1 级	义＋音	左右	7	表义、音	20
251	彡〈彩〉	1 级	义＋音	左右	11	表义、音	16

续表

序号	基础字	等级	内部结构	外部结构	笔画数	功能分布	构字总数
252	礻〈礼〉	1级	义＋音	左右	13	表义	14
253	艮〈跟〉	1级	义＋音	左右	13	表音[基本]	11
254	曷〈喝〉	1级	义＋音	左右	12	表音[基本]	8
255	喿〈澡〉	1级	义＋音	左右	16	表音[完全]	7
256	畐〈福〉	1级	义＋音	左右	13	表音[完全]	7
257	曼〈慢〉	1级	义＋音	左右	14	表音[完全]	7
258	娄〈楼〉	1级	义＋音	左右	13	表音[完全]	6
259	𠃓〈场〉	1级	义＋音	左右	7	表音[完全]	6
260	戋〈浅〉	1级	义＋音	左右	8	表音[基本]	6
261	屯〈顿〉	1级	义＋音	左右	10	表音[基本]	6
262	亥〈孩〉	1级	义＋音	左右	9	表音[基本]	6
263	辰〈晨〉	1级	义＋音	上下	11	表音[基本]	6
264	经	1级	义＋音	左右	8	表音[完全]	5
265	将	1级	义＋音	左右	9	表音[完全]	5
266	奂〈换〉	1级	义＋音	左右	10	表音[完全]	5
267	宛〈碗〉	1级	义＋音	左右	13	表音[完全]	4
268	留	1级	义＋音	上下	10	表音[完全]	4
269	亘〈宣〉	1级	义＋音	上下	9	表音[完全]	4
270	夬〈快〉	1级	义＋音	左右	7	表音[基本]	4
271	丂〈号〉	1级	义＋音	上下	5	表音[较差]	4
272	知	1级	义＋音	左右	8	表音[完全]	3
273	考	1级	义＋音	上下	6	表音[完全]	3
274	丬〈状〉	1级	义＋音	左右	7	表音[完全]	3
275	氐〈低〉	1级	义＋音	左右	7	表音[完全]	3
276	㐬〈流〉	1级	义＋音	左右	10	表音[完全]	3
277	叚〈假〉	1级	义＋音	左右	11	表音[基本]	3
278	乃〈奶〉	1级	义＋音	左右	2	表音[基本]	3

续表

序号	基础字	等级	内部结构	外部结构	笔画数	功能分布	构字总数
279	东〈练〉	1级	义+音	左右	8	表音[完全]	3
280	感	1级	义+音	上下	13	表音[基本]	2
281	沙	1级	义+音	左右	7	表音[完全]	2
282	店	1级	义+音	半包围	8	表音[完全]	2
283	府	1级	义+音	半包围	8	表音[完全]	2
284	满	1级	义+音	左右	13	表音[完全]	2
285	昷〈温〉	1级	义+音	左右	12	表音[完全]	2
286	囟〈脑〉	1级	义+音	左右	10	表音[完全]	2
287	壬〈任〉	1级	义+音	左右	6	表音[基本]	2
288	堂	1级	义+音	上下	11	表音[基本]	1
289	到	1级	义+音	左右	8	表音[基本]	1
290	完	1级	义+音	上下	7	表音[完全]	1
291	拉	1级	义+音	左右	8	表音[基本]	1
292	扌〈打〉	1级	义+记	左右	5	表义	194
293	彳〈往〉	1级	义+记	左右	8	表义	26
294	灬〈热〉	1级	义+记	左右	10	表义、记号	21
295	各	1级	义+记	上下	6	表音[基本]	12
296	占	1级	义+记	上下	5	表音[完全]	9
297	区2	1级	义+记	半包围	4	表音[完全]	8
298	支	1级	义+记	上下	4	表音[基本]	7
299	可	1级	义+记	半包围	5	表音[基本]	5
300	句2	1级	义+记	半包围	5	表音[完全]	5
301	告	1级	义+记	上下	7	表音[基本]	5
302	麻	1级	义+记	半包围	11	表音[基本]	5
303	司	1级	义+记	半包围	5	表音[完全]	4
304	龶〈举〉	1级	义+记	上下	9	表义	4

续表

序号	基础字	等级	内部结构	外部结构	笔画数	功能分布	构字总数
305	奇 2	1 级	义＋记	上下	8	表音[完全]	4
306	化	1 级	义＋记	左右	4	表音[完全]	4
307	次	1 级	义＋记	左右	6	表音[基本]	4
308	员	1 级	义＋记	上下	7	表音[基本]	4
309	卖	1 级	义＋记	上下	8	表音[基本]	4
310	贵	1 级	义＋记	上下	9	表音[基本]	3
311	冬	1 级	义＋记	上下	5	表音[较差]、记号	3
312	劳	1 级	义＋记	上下	7	表音[完全]	3
313	度	1 级	义＋记	半包围	9	表音[完全]	3
314	武	1 级	义＋记	半包围	8	表音[完全]	2
315	疋<楚>	1 级	义＋记	上下	13	表音[基本]	2
316	臤<坚>	1 级	义＋记	上下	7	表音[基本]	2
317	原	1 级	义＋记	半包围	10	表音[完全]	2
318	代	1 级	义＋记	左右	5	表音[完全]	2
319	春	1 级	义＋记	上下	9	表音[完全]	2
320	退	1 级	义＋记	半包围	9	表音[完全]	2
321	式	1 级	义＋记	半包围	6	表音[完全]	2
322	朝	1 级	义＋记	左右	12	表音[完全]	2
323	敢	1 级	义＋记	左右	11	表音[完全]	2
324	展	1 级	义＋记	半包围	10	表音[完全]	2
325	办	1 级	义＋记	特殊	4	表音[基本]	2
326	保	1 级	义＋记	左右	9	表音[完全]	2
327	布	1 级	义＋记	半包围	5	表音[基本]	1
328	务	1 级	义＋记	上下	5	表音[基本]	1
329	受	1 级	义＋记	上下	8	表音[基本]	1
330	觉	1 级	义＋记	上下	9	表音[基本]	1
331	普	1 级	义＋记	上下	12	表音[基本]	1
332	念	1 级	义＋记	上下	8	表音[基本]	1

续表

序号	基础字	等级	内部结构	外部结构	笔画数	功能分布	构字总数
333	旁	1级	音＋记	上下	10	表音[完全]	7
334	比	1级	音＋记	左右	4	表音[完全]	5
335	星	1级	音＋记	上下	9	表音[完全]	3
336	历	1级	音＋记	半包围	4	表音[完全]	2
337	新	1级	音＋记	左右	13	表音[基本]	1
338	何	1级	音＋记	左右	7	表音[基本]	1
339	虫	2级	记号	独体	6	表义、音、记号	53
340	贝	2级	记号	独体	4	表义、音、记号	54
341	田	2级	记号	独体	5	表义、记号	32
342	寸	2级	记号	独体	3	表义、音	26
343	欠	2级	记号	独体	4	表义、音	19
344	辛	2级	记号	独体	7	表义、音	18
345	令	2级	记号	独体	5	表音[完全]	15
346	舌	2级	记号	独体	6	表义、音、记号	11
347	鬼	2级	记号	独体	9	表义、音、记号	10
348	巴	2级	记号	独体	4	表音[完全]	9
349	革	2级	记号	独体	9	表义	8
350	豆	2级	记号	独体	7	表义、音	8
351	良	2级	记号	独体	7	表音[基本]	8
352	仓	2级	记号	独体	4	表音[基本]	8
353	斗	2级	记号	独体	4	表义、音	7
354	申	2级	记号	独体	5	表音、义	7
355	牙	2级	记号	独体	4	表音[完全]	7
356	亡	2级	记号	独体	3	表音[基本]	7
357	户	2级	记号	独体	4	表音[基本]	7
358	予	2级	记号	独体	4	表音[基本]	7
359	瓜	2级	记号	独体	5	表义、音	6
360	巨	2级	记号	独体	4	表音[完全]	6

续表

序号	基础字	等级	内部结构	外部结构	笔画数	功能分布	构字总数
361	勺	2级	记号	独体	3	表音^{基本}、记号	6
362	兼	2级	记号	独体	10	表音^{基本}	6
363	免	2级	记号	独体	7	表音^{完全}、记号	5
364	甲	2级	记号	独体	5	表音^{基本}	5
365	谷	2级	记号	独体	7	表音^{基本}	5
366	夹	2级	记号	独体	6	表音^{完全}	4
367	云	2级	记号	独体	4	表音^{完全}、记号	4
368	末	2级	记号	独体	5	表音^{完全}	4
369	尤	2级	记号	独体	4	表音^{完全}	4
370	未	2级	记号	独体	5	表音^{基本}	4
371	玉	2级	记号	独体	5	表义	3
372	乙	2级	记号	独体	1	表音^{完全}、记号	3
373	册	2级	记号	独体	5	表音^{基本}	3
374	丑	2级	记号	独体	4	表音^{基本}	3
375	肃	2级	记号	独体	8	表音^{基本}	3
376	井	2级	记号	独体	4	表音^{完全}、记号	3
377	甘	2级	记号	独体	4	表音^{完全}	2
378	叉	2级	记号	独体	3	表音^{完全}	2
379	凡	2级	记号	独体	3	表音^{完全}	2
380	乌	2级	记号	独体	4	表音^{完全}	2
381	丈	2级	记号	独体	3	表音^{完全}	2
382	尔	2级	记号	独体	5	表音^{基本}	2
383	串	2级	记号	独体	7	表音^{完全}	1
384	乎	2级	记号	独体	5	表音^{完全}	1
385	亚	2级	记号	独体	6	表音^{完全}、记号	1
386	矛	2级	记号	独体	5	表音^{完全}	1
387	尺	2级	记号	独体	4	表音^{完全}	1
388	羽	2级	合体记号	左右	6	表义	14

续表

序号	基础字	等级	内部结构	外部结构	笔画数	功能分布	构字总数
389	尚	2 级	合体记号	上下	8	表音[基本]	12
390	卩〈却〉	2 级	合体记号	左右	7	表义、记号	9
391	寺	2 级	合体记号	上下	6	表音[基本]	6
392	登	2 级	合体记号	上下	12	表音[完全]	5
393	余	2 级	合体记号	上下	7	表音[基本]	5
394	监	2 级	合体记号	上下	10	表音[基本]	5
395	兵	2 级	合体记号	上下	7	表音[完全]	4
396	帝	2 级	合体记号	上下	9	表音[完全]	4
397	尗〈叔〉	2 级	合体记号	左右	8	表音[基本]	4
398	咸	2 级	合体记号	半包围	9	表音[基本]	4
399	则	2 级	合体记号	左右	6	表音[基本]	4
400	吉	2 级	合体记号	上下	6	表音[基本]	4
401	虎（虍）	2 级	合体记号	半包围	8	表音[基本]	4
402	昌	2 级	合体记号	上下	8	表音[完全]	3

续表

序号	基础字	等级	内部结构	外部结构	笔画数	功能分布	构字总数
403	庄	2 级	合体记号	半包围	6	表音基本	3
404	童	2 级	合体记号	上下	12	表音基本	3
405	既	2 级	合体记号	左右	9	表音基本	3
406	当	2 级	合体记号	上下	6	表音完全	3
407	凶	2 级	合体记号	半包围	4	表音完全	3
408	奏	2 级	合体记号	上下	9	表音完全	2
409	番	2 级	合体记号	上下	12	表音完全	2
410	居	2 级	合体记号	半包围	8	表音完全	2
411	即	2 级	合体记号	左右	7	表音完全	2
412	寿	2 级	合体记号	上下	7	表音基本	2
413	享	2 级	合体记号	上下	8	表音基本	2
414	率	2 级	合体记号	上下	11	表音基本	2
415	赖	2 级	合体记号	左右	13	表音完全	1
416	竞	2 级	合体记号	上下	10	表音完全	1

续表

序号	基础字	等级	内部结构	外部结构	笔画数	功能分布	构字总数
417	尝	2级	合体记号	上下	9	表音[完全]	1
418	允	2级	合体记号	上下	4	表音[完全]	1
419	虚	2级	合体记号	半包围	11	表音[完全]	1
420	历	2级	合体记号	半包围	5	表音[完全]	1
421	妻	2级	合体记号	上下	8	表音[完全]	1
422	⺮〈笔〉	2级	义+义	上下	10	表义	46
423	分	2级	义+义	上下	4	表音[完全]	11
424	扁2	2级	义+义	半包围	9	表音[完全]	8
425	釆〈悉〉	2级	义+义	上下	11	表义、音	6
426	炎	2级	义+义	上下	8	表音[基本]	5
427	宗	2级	义+义	上下	8	表音[完全]	4
428	焦	2级	义+义	上下	12	表音[完全]	4
429	付	2级	义+义	左右	5	表音[完全]	4
430	折	2级	义+义	左右	7	表音[基本]	4
431	骨	2级	义+义	上下	9	表义、音	3
432	列	2级	义+义	左右	6	表音[完全]	3
433	委	2级	义+义	上下	8	表音[完全]	3
434	尊	2级	义+义	上下	12	表音[完全]	2
435	戒	2级	义+义	半包围	7	表音[完全]	2
436	竟	2级	义+义	上下	11	表音[完全]	2
437	扇	2级	义+义	半包围	10	表音[完全]	1
438	库	2级	义+义	半包围	7	表音[完全]	1
439	贯	2级	义+义	上下	8	表音[完全]	1

续表

序号	基础字	等级	内部结构	外部结构	笔画数	功能分布	构字总数
440	冒	2级	义+义	上下	9	表音[完全]	1
441	宀〈客〉	2级	义+音	上下	6	表义、记号	98
442	纟〈线〉	2级	义+音	左右	8	表义	75
443	玉〈珍〉	2级	义+音	左右	9	表义	36
444	攵〈放〉	2级	义+音	左右	8	表义	35
445	皿〈盒〉	2级	义+音	上下	11	表义、记号	21
446	阝〈郊〉	2级	义+音	左右	8	表义	17
447	甬〈勇〉	2级	义+音	上下	9	表音[完全]	9
448	佥〈签〉	2级	义+音	上下	13	表音[基本]	9
449	尧〈绕〉	2级	义+音	左右	9	表音[基本]	8
450	尃〈傅〉	2级	义+音	左右	12	表音[基本]	7
451	亢〈抗〉	2级	义+音	左右	7	表音[基本]	7
452	甫〈辅〉	2级	义+音	左右	11	表音[基本]	8
453	俞〈愉〉	2级	义+音	左右	12	表音[完全]	7
454	召	2级	义+音	上下	5	表音[基本]	7
455	禺〈遇〉	2级	义+音	半包围	12	表音	6
456	乍〈炸〉	2级	义+音	左右	9	表音[基本]	6
457	叟〈搜〉	2级	义+音	左右	12	表音[完全]	5
458	亦〈弯〉	2级	义+音	上下	9	表音[完全]	5
459	臽〈陷〉	2级	义+音	左右	10	表音[基本]	5
460	呙〈锅〉	2级	义+音	左右	12	表音[基本]	5
461	卒〈醉〉	2级	义+音	左右	15	表音[基本]	5
462	仑〈轮〉	2级	义+音	左右	8	表音[完全]	5
463	耑〈端〉	2级	义+音	左右	14	表音[较差]	5
464	襄〈壤〉	2级	义+音	左右	20	表音[基本]	5
465	卯〈贸〉	2级	义+音	上下	9	表音[基本]	5
466	㫃〈旗〉	2级	义+音	特殊	14	表义	4

续表

序号	基础字	等级	内部结构	外部结构	笔画数	功能分布	构字总数
467	宁	2级	义+音	上下	5	表音[完全]	4
468	夗〈怨〉	2级	义+音	上下	9	表音[完全]	4
469	啇〈滴〉	2级	义+音	左右	14	表音[完全]	4
470	爰〈援〉	2级	义+音	左右	12	表音[完全]	4
471	匋〈掏〉	2级	义+音	左右	11	表音[完全]	4
472	孚〈浮〉	2级	义+音	左右	10	表音[完全]	4
473	韦〈违〉	2级	义+音	半包围	7	表音[完全]	4
474	𢦏〈载〉	2级	义+音	半包围	10	表音[完全]	4
475	荅〈塔〉	2级	义+音	左右	12	表音[基本]	4
476	辡〈辩〉	2级	义+音	左右	16	表音[完全]	4
477	刍〈趋〉	2级	义+音	半包围	12	表音[基本]	3
478	卬〈仰〉	2级	义+音	左右	6	表音[基本]	3
479	〈赛〉（塞省声）	2级	义+音	上下	14	表音[完全]	3
480	卂〈迅〉	2级	义+音	半包围	6	表音[完全]	3
481	〈摇〉	2级	义+音	左右	13	表音[完全]	3
482	〈撤〉（徹省声）	2级	义+音	左右	15	表音[完全]	3
483	肙〈捐〉	2级	义+音	左右	10	表音[完全]	3
484	舀〈蹈〉	2级	义+音	左右	17	表音[基本]	3
485	矣〈挨〉	2级	义+音	左右	10	表音[基本]	3
486	丩〈纠〉	2级	义+音	左右	5	表音[较差]	3
487	曹〈遭〉	2级	义+音	半包围	11	表音[基本]	3
488	豪	2级	义+音	上下	14	表音[完全]	2
489	郎	2级	义+音	左右	8	表音[完全]	2

续表

序号	基础字	等级	内部结构	外部结构	笔画数	功能分布	构字总数
490	敖〈傲〉	2 级	义+音	左右	12	表音^{完全}	2
491	旻〈宴〉	2 级	义+音	上下	10	表音^{完全}	2
492	宓〈密〉	2 级	义+音	上下	11	表音^{完全}	2
493	忝〈添〉	2 级	义+音	左右	11	表音^{完全}	2
494	犮〈拔〉	2 级	义+音	左右	8	表音^{完全}	2
495	欣	2 级	义+音	左右	8	表音^{基本}	2
496	市〈肺〉	2 级	义+音	左右	8	表音^{基本}	2
497	夷〈姨〉	2 级	义+音	左右	6	表音^{完全}	2
498	贲〈喷〉	2 级	义+音	左右	12	表音^{基本}	2
499	朿〈刺〉	2 级	义+音	左右	8	表音^{完全}	2
500	幺〈幽〉	2 级	义+音	特殊	9	表音^{基本}	2
501	禁	2 级	义+音	上下	13	表音^{完全}	1
502	阿	2 级	义+音	左右	7	表音^{完全}	1
503	巧	2 级	义+音	左右	5	表音^{完全}	1
504	磨	2 级	义+音	半包围	16	表音^{完全}	1
505	侵	2 级	义+音	左右	9	表音^{完全}	1
506	冫〈冷〉	2 级	义+记	左右	7	表义、记号	20
507	糸〈累〉	2 级	义+记	上下	11	表义、表音^{基本}	12
508	旦	2 级	义+记	上下	5	表音^{完全}、记号	6
509	灰	2 级	义+记	半包围	6	表音^{完全}	4
510	朵	2 级	义+记	上下	6	表音^{完全}	4
511	皇	2 级	义+记	上下	9	表音^{完全}	4
512	暴 2	2 级	义+记	上下	15	表音^{完全}	3
513	官	2 级	义+记	上下	8	表音^{完全}	3
514	览	2 级	义+记	上下	9	表音^{完全}	3
515	秀	2 级	义+记	上下	7	表音^{完全}	2
516	昏	2 级	义+记	上下	8	表音^{完全}	2
517	敬	2 级	义+记	左右	12	表音^{完全}	2

续表

序号	基础字	等级	内部结构	外部结构	笔画数	功能分布	构字总数
518	胃	2 级	义＋记	上下	9	表音[完全]	2
519	蒙	2 级	义＋记	上下	13	表音[完全]	2
520	雷	2 级	义＋记	上下	13	表音[完全]	2
521	执	2 级	义＋记	左右	6	表音[基本]	2
522	延	2 级	义＋记	半包围	6	表音[完全]	1
523	岛	2 级	义＋记	上下	7	表音[完全]	1
524	隐	2 级	义＋记	左右	11	表音[完全]	1
525	虑	2 级	义＋记	半包围	10	表音[完全]	1
526	旋	2 级	义＋记	左右	11	表音[完全]	1
527	赞	2 级	义＋记	上下	16	表音[完全]	1
528	引	2 级	义＋记	左右	4	表音[完全]	1
529	益	2 级	义＋记	上下	10	表音[完全]	1
530	龹〈卷〉	2 级	音＋记	上下	8	表音[完全]	4
531	胡	2 级	音＋记	左右	9	表音[完全]	4
532	尸	3 级	记号	独体	3	表义、记号	43
533	爪	3 级	记号	独体	4	表义、音	23
534	穴	3 级	记号	独体	5	表义	22
535	戈	3 级	记号	独体	4	表义、记号	17
536	舟	3 级	记号	独体	6	表义	10
537	歹	3 级	记号	独体	4	表义、记号	10
538	丁	3 级	记号	独体	2	表音[完全]	10
539	犬	3 级	记号	独体	4	表义、记号	10
540	卜	3 级	记号	独体	2	表义、音	9
541	兑	3 级	记号	独体	7	表音[基本]	7
542	朱	3 级	记号	独体	6	表音[完全]	4
543	川	3 级	记号	独体	3	表音[基本]	4
544	卑	3 级	记号	独体	8	表音[基本]	4
545	卓	3 级	记号	独体	8	表音[基本]	4

续表

序号	基础字	等级	内部结构	外部结构	笔画数	功能分布	构字总数
546	玄	3级	记号	独体	5	表音基本	4
547	垂	3级	记号	独体	8	表音完全	4
548	瓦	3级	记号	独体	4	表义	3
549	兰	3级	记号	独体	5	表音完全	3
550	丙	3级	记号	独体	5	表音完全	2
551	亦	3级	记号	独体	6	表音完全	2
552	勿	3级	记号	独体	4	表音完全、记号	2
553	丘	3级	记号	独体	5	表音完全	1
554	丐	3级	记号	独体	4	表音完全	1
555	匆	3级	记号	独体	5	表音完全	1
556	柬	3级	记号	独体	9	表音完全	1
557	肖	3级	合体记号	上下	7	表音完全	13
558	莫	3级	合体记号	上下	10	表音完全	12
559	辟2	3级	合体记号	左右	13	表音完全	8
560	乔	3级	合体记号	上下	6	表音基本	7
561	兆	3级	合体记号	左右	6	表音基本	5
562	冈	3级	合体记号	半包围	4	表音完全	4
563	勾	3级	合体记号	半包围	4	表音完全	4
564	匀	3级	合体记号	半包围	4	表音基本	3
565	乞	3级	合体记号	上下	3	表音基本	3

续表

序号	基础字	等级	内部结构	外部结构	笔画数	功能分布	构字总数
566	尼	3级	合体记号	半包围	5	表音[完全]	3
567	皆	3级	合体记号	上（左右）下	9	表音[基本]	3
568	昆	3级	合体记号	上下	8	表音[基本]	2
569	君	3级	合体记号	上下	7	表音[基本]	2
570	婴	3级	合体记号	上下	11	表音[完全]	2
571	奥	3级	合体记号	上下	12	表音[完全]	2
572	斯	3级	合体记号	左右	12	表音[完全]	2
573	畏	3级	合体记号	上下	9	表音[完全]	2
574	旨	3级	合体记号	上下	6	表音[完全]	2
575	卵	3级	合体记号	左右	7	表义	1
576	辱	3级	合体记号	上下	10	表音[完全]	1
577	函	3级	合体记号	半包围	8	表音[完全]	1
578	禽	3级	合体记号	上下	12	表音[完全]	1
579	匚〈匠〉	3级	义＋义	半包围	6	表义	21
580	斩	3级	义＋义	左右	8	表音[基本]	4

续表

序号	基础字	等级	内部结构	外部结构	笔画数	功能分布	构字总数
581	苗	3 级	义＋义	上下	8	表音[完全]	4
582	孝	3 级	义＋义	上下	7	表音[基本]	3
583	奴	3 级	义＋义	左右	5	表音[完全]	2
584	伐	3 级	义＋义	左右	6	表音[完全]	2
585	顷	3 级	义＋义	左右	8	表音[完全]	2
586	犭〈狗〉	3 级	义＋音	左右	8	表义	30
587	圭〈桂〉	3 级	义＋音	左右	10	表音[基本]	13
588	尞〈僚〉	3 级	义＋音	左右	14	表音[完全]	7
589	夋〈俊〉	3 级	义＋音	左右	9	表音[完全]	6
590	咅〈剖〉	3 级	义＋音	左右	10	表音[基本]	6
591	孛〈勃〉	3 级	义＋音	左右	9	表音[完全]	5
592	夌〈凌〉	3 级	义＋音	左右	10	表音[完全]	5
593	奄〈淹〉	3 级	义＋音	左右	11	表音[完全]	4
594	冘〈枕〉	3 级	义＋音	左右	8	表音[基本]	4
595	亶〈颤〉	3 级	义＋音	左右	19	表音[基本]	3
596	缶〈缸〉	3 级	义＋音	左右	9	表义	3
597	邦	3 级	义＋音	左右	6	表音[完全]	3
598	匡〈框〉	3 级	义＋音	左右	10	表音[完全]	3
599	兹〈滋〉	3 级	义＋音	左右	12	表音[基本]	3
600	丕〈胚〉	3 级	义＋音	左右	9	表音[基本]	3
601	枼〈碟〉	3 级	义＋音	左右	14	表音[基本]	3
602	畺〈僵〉	3 级	义＋音	左右	15	表音[基本]	3
603	夭〈妖〉	3 级	义＋音	左右	7	表音[较差]	3
604	敫〈缴〉	3 级	义＋音	左右	16	表音[较差]	3
605	荒	3 级	义＋音	上下	9	表音[完全]	2
606	伏	3 级	义＋音	左右	6	表音[完全]	2
607	厓〈崖〉	3 级	义＋音	上下	11	表音[完全]	2
608	𦐇〈塌〉	3 级	义＋音	左右	13	表音[完全]	2

续表

序号	基础字	等级	内部结构	外部结构	笔画数	功能分布	构字总数
609	雚〈灌〉	3 级	义+音	左右	20	表音[完全]	2
610	彡〈衫〉	3 级	义+音	左右	8	表音[完全]	2
611	疌〈捷〉	3 级	义+音	左右	11	表音[完全]	2
612	丞〈拯〉	3 级	义+音	左右	9	表音[基本]	2
613	朕〈腾〉	3 级	义+音	半包围	13	表音[基本]	2
614	𧴪〈锁〉	3 级	义+音	左右	12	表音[完全]	2
615	桼〈漆〉	3 级	义+音	左右	14	表音[完全]	2
616	蚤〈骚〉	3 级	义+音	左右	12	表音[基本]	2
617	豖〈琢〉	3 级	义+音	左右	12	表音[基本]	2
618	乚〈扎〉	3 级	义+音	左右	4	表音[基本]	2
619	匊〈菊〉	3 级	义+音	上下	11	表音[完全]	2
620	堇〈谨〉	3 级	义+音	左右	13	表音[完全]	2
621	亭	3 级	义+音	上下	9	表音[完全]	1
622	翁	3 级	义+音	上下	10	表音[完全]	1
623	旱	3 级	义+音	上下	7	表音[完全]	1
624	芒	3 级	义+音	上下	6	表音[完全]	1
625	阁	3 级	义+音	半包围	9	表音[完全]	1
626	刑	3 级	义+音	左右	6	表音[完全]	1
627	晃	3 级	义+音	上下	10	表音[完全]	1
628	卦	3 级	义+音	左右	8	表音[完全]	1
629	疏	3 级	义+音	左右	12	表音[完全]	1
630	萧	3 级	义+音	上下	11	表音[完全]	1
631	罒〈罗〉	3 级	义+记	上下	8	表义	15
632	耒〈耕〉	3 级	义+记	左右	10	表义	5
633	夸	3 级	义+记	上下	6	表音[完全]	4
634	廷	3 级	义+记	半包围	6	表音[完全]	4
635	荧	3 级	义+记	上下	9	表音[完全]	4
636	旬	3 级	义+记	半包围	6	表音[完全]	3

续表

序号	基础字	等级	内部结构	外部结构	笔画数	功能分布	构字总数
637	屈	3 级	义＋记	半包围	8	表音[基本]	3
638	昔	3 级	义＋记	上下	8	表音[基本]	2
639	呈	3 级	义＋记	上下	7	表音[完全]	2
640	柔	3 级	义＋记	上下	9	表音[完全]	2
641	遣	3 级	义＋记	半包围	13	表音[完全]	1
642	贞	3 级	义＋记	上下	6	表音[完全]	1
643	桑	3 级	义＋记	上下	10	表音[完全]	1
644	遂	3 级	义＋记	半包围	12	表音[完全]	1
645	眉	3 级	义＋记	半包围	9	表音[完全]	1
646	董	3 级	音＋记	上下	12	表音[完全]	1
647	齿	3 级	音＋记	上下	8	表义	1
648	禾	超纲	记号	独体	5	表义、记号	56
649	弓	超纲	记号	独体	3	表义、音	16
650	隹	超纲	记号	独体	8	表义、音	31
651	矢	超纲	记号	独体	5	表义、音基本	15
652	刃	超纲	记号	独体	3	表音[完全]	3
653	弗	超纲	记号	独体	5	表音[完全]	2
654	州	超纲	记号	独体	6	表音[完全]	2
655	鬲	超纲	记号	独体	10	表音[完全]、义	2
656	吴	超纲	合体记号	上下	7	表音[完全]	3
657	侯	超纲	合体记号	左右	9	表音[完全]	2
658	尉	超纲	合体记号	左（上下）右	11	表音[完全]	2
659	亨	超纲	合体记号	上中下	7	表音[完全]	2
660	禀	超纲	合体记号	上中下	13	表音[完全]	2

续表

序号	基础字	等级	内部结构	外部结构	笔画数	功能分布	构字总数
661	刘	超纲	合体记号	左右	6	表音[完全]	1
662	卢	超纲	合体记号	上下	5	表音[完全]	1
663	袁	超纲	合体记号	上下	10	表音[完全]	1
664	敝	超纲	义＋义音	左右	11	表音[完全]	2
665	咢<{愕}>	超纲	义＋音	左右	12	表音[完全]	3
666	覃<{潭}>	超纲	义＋音	左右	14	表音[完全]	2
667	粦<{磷}>	超纲	义＋音	左右	17	表音[完全]	2
668	豸<{豺}>	超纲	义＋音	左右	10	表义	2
669	隋	超纲	义＋音	左右	11	表音[完全]	2
670	崔	超纲	义＋音	上下	11	表音[完全]	2
671	吾	超纲	义＋音	上下	7	表音[完全]	2
672	洛	超纲	义＋音	左右	9	表音[完全]	1
673	唐	超纲	义＋记	半包围	10	表音[完全]	3
674	彦	超纲	义＋记	上下	9	表音[完全]	2
675	孟	超纲	义＋记	上下	8	表音[完全]	1
676	二	1级	记号	独体	2	表义、记号	3
677	三	1级	记号	独体	3	记号	2
678	四	1级	记号	独体	5	记号	0
679	六	1级	记号	独体	4	记号	2
680	七	1级	记号	独体	2	记号	2
681	年	1级	记号	独体	6	记号	0

续表

序号	基础字	等级	内部结构	外部结构	笔画数	功能分布	构字总数
682	后	1级	记号	独体	6	表音基本	1
683	南	1级	合体记号	上下	9	记号	1
684	上	1级	记号	独体	3	表音基本	1
685	个	1级	记号	独体	3	记号	0
686	的	1级	合体记号	独体	8	记号	0
687	得	1级	义＋记	左右	11	记号	0
688	别	1级	义＋记	左右	7	记号	0
689	海	1级	义＋记	左右	10	记号	0
690	在	1级	合体记号	半包围	6	记号	1
691	再	1级	记号	独体	6	记号	0
692	李	1级	合体记号	上下	7	记号	0
693	着	1级	合体记号	半包围	11	记号	0
694	赵	超纲	合体记号	半包围	9	记号	0

从数量比率来看，上述694个基础字，占现代通用汉字的9.9%，占现代常用汉字的19.9%，所占比率和数量虽不算多，但从对外汉字教学的学时任务及教学成本考虑，其内容数量也不算少。另外，该数量与相关大纲汉字门槛的要求数量以及部分教材的建议数量相接近。从基础字的结构和等级情况来看，694个基础字中，“独体记号”222字（1级141，2级47，3级26，超纲8），占总数的31.8%；“合体记号”135字（1级72，2级33，3级21，超纲9），占总数的19.5%；“义＋义”67字（1级40，2级19，3级7，超纲1），占总

数的 9.7%；“义＋音”173 字（1 级 53，2 级 64，3 级 46，超纲 10），占总数的 25%；“义＋记”87 字（1 级 43，2 级 24，3 级 16，超纲 4），占总数的 12.6%；“音＋记”10 字（1 级 6，2 级 2，3 级 2），占总数的 1.4%。

第二节　基础字的字形分析

在二维空间结构中，框架构件和层级关系是基础内容和主要关系体现。就汉字字形的结构而言，在视觉层面（或书写层面）的各个形态构成要素分属不同层级，处于不同位置，具有不同特征。字形在书写过程中实现视觉信息的检索、排序和构建，笔画作为现代汉字二维空间内最基本的构件元素，处于最基础的位置，笔画的种数是直接影响教学和习得的关键因素之一。基础字中，属于 1 级的大部分独体记号字从字频、构字、组词各方面考虑应该都是排在教学的最初阶段，合体字也出现较早，并无理据可循，因此这部分字的字形讲解是需要面对的主要问题，同时它们又是后期其他基础字和扩展字习得的关键。所以，在此仅以一级记号基础字为例，考察 31 个笔画①在其中的具体分布情况，结果表明有 25 个笔画在基础字中有所展示，见表 3.2。

表 3.2　笔画在基础字中的分布情况

序号	笔画	例字
1	一	口木日土月女广十石目立米大车马页雨工止子厂士白鸟斤耳羊鱼牛方干文高手且龙京由半里气衣言生中主我角身毛单其平正已央五元果示直母七长更弟并失开于王片才用专夫千西去成具术术东求太象下来两丰无与面产本市黄史二四年不后月交者走音青台至每共争周真朋录因光同只先是曾齐需危回参票离那易全某前难死向康复夜属查会食金老哥要然般北备典段写师希肯或左右在李的南着

① 目前现行笔画系统中关于笔画种数的划分和统计仍有不同观点，本研究中，我们以现行比较广泛的 31 种笔画为标准。

续表

序号	笔画	例字
2	㇑	口木日土十山目米巾车门雨工止士白斤耳羊牛干高且非京由半少里言生中主角单其平正五果不直弟并开出王片用去内肉具术下来两丰面本市四年个者走皮音青台至共周介真因光同只先是曾齐需回票离那易全某前难夜属查金老哥要北典段师希肯或左右在李的南着
3	㇓	女广儿火石力米大页刀斤文白内必肉成鸟羊鱼牛龙少衣生我角身毛公今九元单不示父及长更弟并开失才义用久夫永八千具农术东求来两无为产本个后央果交者走皮音包反每共争周风介真朋录因光只先是曾齐它危参离那易全某前难发死向康复夜属查会食金老然般北备典段师希或左右在李的南着
4	㇔	心火立米门雨鸟方文高龙京半少衣言主我单今其平示父母弟并义永必术求太东下来为之产市黄页专不交音每共真录因光只曾齐需它票离前难发死康夜食金然般典南着的风
5	㇕	口日石目马页白鱼高且京由里中单己央五果直更弟片西具象面黄史四后者音台争周真录因只是曾需票易前康复属查食哥要备典右的着
6	㇏	木人又火米大文衣水公今央果父更失义久夫农永八术求太象来本史个之交走皮反介录齐全某康复夜查会食金然备李段发
7	㇀	我录康北段或
8	㇆	巾门雨刀鸟高角身母用永内肉成两为市月也包青每周朋同危离那易向属般师希肯的南
9	㇚	子手水示于才了东求争录票前康哥李
10	㇖	农皮需它写
11	㇟	儿龙毛元无七己包光先它危死老北
12	㇜	车去东台至参离会
13	㇇	又水久永之皮反难发死复夜段
14	㇙	衣长农
15	㇗	山母出离某发

续表

序号	笔画	例字
16	㇉	与马鸟弟写
17	㇛	女
18	㇃	心必成
19	㇞	专
20	㇈	几九
21	㇁	象
22	㇄	四西
23	⺄	气
24	㇍	般段
25	㇋	及

第三节 基础字与词的关系

（一）基础字与词的关系

在汉字教学中除了重视汉字结构系统之外，还应关注字与词的联系。字与词关系密切，一方面汉字的一个符号形体，既可以是一个记录语词的汉字，也可以是汉字使用的符号（义符、声符、记号）。如“口”既可以是记录词｛口｝的汉字，也可以是形声字“喝”的一个承担表义的功能组成部分。同样，一个汉字所对应的语素，可以独立构成词如“人”，也可以只是词的组成部分如“子”。根据 1986 年北京语言学院汉语教学研究所编《现代汉语频率词典》的统计，“既可单用，又可处在词内各个不同位置上，生成能力强、出现字次多”的汉字“约占统计总量的二分之一强”。

在汉字教学中，可以独立成词或具有较强组词能力的基础字应该位于教学的主要位置。鉴于此，我们根据《现代汉语词典》（第 7 版）的词义词性注释，将 695 个基础字划分为独立成词、只能构词和文言词用字三种情况。

1. 独立成词的基础字

口、日、土、月、人、又、女、十、心、火、山、米、大、车、马、页、门、雨、白、几、刀、鸟、斤、羊、鱼、牛、干、高、手、龙、半、少、里、我、角、身、毛、水、平、五、九、元、不、长、也、了、开、出、王、片、支、句、牙、才、用、病、跑、肉、八、千、西、去、内、东、求、太、下、来、两、与、市、黄、正、包、台、周、风、进、肉、肚、钱、怕、票、回、它、是、死、难、饭、一、二、三、四、六、七、查、顿、年、后、南、在、走、哥、同、只、先、曾、齐、前、向、夜、会、老、要、北、写、或、左、右、说、酒、划、弄、加、黑、多、章、秋、慢、喝、跟、楼、场、浅、河、花、补、换、碗、留、快、号、考、低、流、假、拉、打、往、热、满、温、任、古、取、坐、男、家、间、班、香、困、便、科、练、店、堂、到、完、卖、贵、冬、乙、册、告、区、举、次、春、退、展、办、敢、布、甲、云、却、笔、分、扁、骨、列、上、个、巨、比、新、尺、弟、奶、线、盒、锅、醉、陷、端、从、井、锁、捐、冷、累、签、放、绕、炸、搜、弯、怨、滴、掏、塔、摇、拔、刺、喷、灰、朵、狗、缸、框、塌、咸、岛、广、儿、石、立、力、工、止、厂、耳、方、且、非、由、气、言、中、主、单、生、其、果、刃、眉、瓜、勺、扇、夸、的、得、再、着、海、别、豆、鬼、斩、苗、丁、丙、直、及、更、母、并、失、于、经、属、久、离、那、全、某、发、弓、丈、必、无、光、成、玉、反、每、共、争、真、录、因、需、象、为、面、之、本、见、交、者、皮、音、青、至、金、备、段、肯、设、建、合、安、此、连、喜、解、将、围、礼、脑、知、冒、免、感、斗、采、沙、各、占、可、化、度、代、式、朝、保、受、觉、念、旁、田、寸、欠、令、户、兼、夹、末、丑、串、寺、登、兵、虎、既、当、凶、番、赖、尝、胃、付、巧、折、库、轮、贸、旗、仰、赛、挨、添、肺、磨、官、昏、引、卷、扎、晃、星、虫、舌、良、未、叉、乌、余、叔、庄、奏、居、率、宗、戒、竟、客、抗、遇、浮、辩、撤、遭、傲、姨、密、禁、敬、蒙、雷、延、舟、垂、瓦、莫、辟、皆、伏、李、赵、孟、唐、崔、

刘、董、袁、吴、侯、朱、川、僵、勿

2. 只能构词的基础字

木、目、巾、子、士、文、京、衣、今、己、夫、央、洛、豺、隋、愕、示、父、义、府、辅、然、永、农、具、齿、贞、专、禾、尉、禀、敝、术、予、介、朋、危、参、易、康、丰、产、史、食、般、复、典、师、希、阳、羔、利、相、林、容、军、们、明、名、息、晨、彩、澡、福、孩、宣、状、麻、司、奇、员、劳、武、楚、坚、原、务、焦、悉、炎、普、历、何、贝、辛、巴、革、仓、申、亡、谷、尤、肃、甘、凡、亚、矛、羽、尚、监、帝、则、昌、吉、童、即、寿、享、竞、允、虚、厉、妻、委、尊、珍、勇、傅、愉、召、宁、援、壤、违、趋、迅、纠、蹈、载、豪、郎、宴、幽、阿、侵、旦、皇、暴、览、秀、执、虑、隐、旋、赞、益、胡、尸、爪、穴、戈、歹、犬、卜、兑、卑、卓、玄、兰、亦、丘、丐、匆、柬、肖、乔、兆、冈、乞、尼、昆、君、婴、奥、畏、旨、禽、伐、匀、勾、卵、函、翁、芒、阁、刑、卦、疏、萧、罗、耕、廷、荧、旬、屈、昔、呈、柔、遣、桑、遂、辱、匠、孝、奴、顷、桂、僚、俊、剖、旱、勃、凌、淹、枕、颤、邦、滋、胚、碟、妖、缴、荒、崖、灌、衫、捷、拯、腾、漆、骚、琢、菊、谨、州、潭、磷、亭

3. 文言词用字（不能组词，即便组词也是口语中不用的书面词）

吾、弗、彦、卢、尔、乎、隹、矢、鬲、亨、斯

（二）基础字的组词能力

我们统计了每个基础字在《汉语国际教育用音节汉字词汇等级划分》中所构成的词数及词的等级，如组词能力在 10 以上的基础字有：

口一初级 9　中级 7　高级 5　　日一初级 9　中级 6　高级 8
人一初级 38　中级 28　高级 19　　儿一初级 25　中级 20　高级 10
心一初级 13　中级 20　高级 29　　力一初级 9　中级 19　高级 14
大一初级 28　中级 39　高级 21　　车一初级 18　中级 18　高级 0
工一初级 13　中级 9　高级 1　　子一初级 29　中级 41　高级 15
方一初级 14　中级 10　高级 4　　高一初级 9　中级 16　高级 6

手一初级 12 中级 18 高级 13	气一初级 7 中级 16 高级 13
生一初级 28 中级 11 高级 6	中一初级 21 中级 15 高级 7
主一初级 11 中级 11 高级 4	身一初级 4 中级 8 高级 8
水一初级 4 中级 24 高级 11	公一初级 19 中级 11 高级 7
平一初级 9 中级 10 高级 5	正一初级 10 中级 8 高级 3
不一初级 30 中级 48 高级 67	长一初级 35 中级 0 高级 9
廾一初级 20 中级 14 高级 6	出一初级 21 中级 34 高级 19
于一初级 6 中级 18 高级 3	用一初级 14 中级 14 高级 1
成一初级 16 中级 20 高级 14	下一初级 23 中级 15 高级 11
来一初级 21 中级 16 高级 7	无一初级 2 中级 11 高级 36
为一初级 11 中级 9 高级 12	面一初级 21 中级 14 高级 6
之一初级 9 中级 2 高级 15	本一初级 11 中级 11 高级 3
见一初级 10 中级 8 高级 10	交一初级 10 中级 7 高级 7
风一初级 3 中级 9 高级 10	光一初级 5 中级 11 高级 9
同一初级 9 中级 12 高级 10	是一初级 12 中级 11 高级 5
回一初级 7 中级 12 高级 4	全一初级 12 中级 6 高级 7
前一初级 13 中级 14 高级 9	难一初级 6 中级 11 高级 7
发一初级 14 中级 20 高级 9	会一初级 15 中级 20 高级 7
老一初级 11 中级 8 高级 5	要一初级 11 中级 7 高级 4
然一初级 11 中级 10 高级 13	说一初级 7 中级 12 高级 9
合一初级 13 中级 9 高级 11	利一初级 5 中级 10 高级 6
相一初级 10 中级 8 高级 14	多一初级 9 中级 10 高级 4
此一初级 1 中级 15 高级 4	家一初级 17 中级 6 高级 10
明一初级 13 中级 9 高级 1	名一初级 7 中级 15 高级 7
进一初级 16 中级 5 高级 3	场一初级 13 中级 12 高级 4
到一初级 25 中级 11 高级 4	打一初级 10 中级 21 高级 7
可一初级 7 中级 6 高级 10	度一初级 9 中级 11 高级 3
代一初级 9 中级 8 高级 5	新一初级 5 中级 9 高级 6
当一初级 8 中级 14 高级 8	分一初级 13 中级 24 高级 10
年一初级 20 中级 12 高级 3	后一初级 15 中级 8 高级 10

上一初级 33	中级 25	高级 7	得一初级 13	中级 18	高级 18
海一初级 2	中级 12	高级 6	月一初级 3	中级 6	高级 2
女一初级 9	中级 7	高级 1	保一初级 10	中级 6	高级 3
火一初级 2	中级 4	高级 6	山一初级 2	中级 6	高级 5
目一初级 5	中级 4	高级 10	立一初级 4	中级 7	高级 4
门一初级 7	中级 5	高级 5	止一初级 2	中级 7	高级 4
白一初级 7	中级 2	高级 4	干一初级 7	中级 6	高级 2
文一初级 10	中级 5	高级 0	由一初级 4	中级 1	高级 5
半一初级 5	中级 2	高级 4	里一初级 11	中级 3	高级 2
衣一初级 4	中级 7	高级 3	言一初级 2	中级 6	高级 8
单一初级 4	中级 7	高级 2	其一初级 4	中级 4	高级 6
果一初级 7	中级 5	高级 1	直一初级 7	中级 2	高级 5
及一初级 2	中级 5	高级 3	失一初级 2	中级 6	高级 8
片一初级 4	中级 7	高级 1	义一初级 2	中级 3	高级 5
专一初级 4	中级 4	高级 5	西一初级 9	中级 4	高级 1
去一初级 12	中级 1	高级 4	内一初级 5	中级 8	高级 2
了一初级 5	中级 7	高级 4	术一初级 4	中级 4	高级 3
东一初级 7	中级 2	高级 1	求一初级 4	中级 4	高级 6
产一初级 3	中级 10	高级 2	市一初级 5	中级 4	高级 2
走一初级 5	中级 3	高级 4	包一初级 6	中级 6	高级 3
台一初级 4	中级 10	高级 1	反一初级 4	中级 7	高级 3
共一初级 5	中级 5	高级 3	争一初级 2	中级 6	高级 5
周一初级 5	中级 3	高级 2	真一初级 5	中级 5	高级 4
只一初级 7	中级 6	高级 0	先一初级 6	中级 6	高级 2
票一初级 5	中级 5	高级 0	离一初级 3	中级 6	高级 3
那一初级 11	中级 0	高级 0	向一初级 2	中级 7	高级 2
复一初级 4	中级 8	高级 5	夜一初级 3	中级 4	高级 6
食一初级 2	中级 6	高级 6	金一初级 4	中级 6	高级 1
典一初级 2	中级 6	高级 2	师一初级 3	中级 8	高级 0
酒一初级 4	中级 4	高级 3	设一初级 4	中级 5	高级 2

建一初级 5　中级 6　高级 1　安一初级 9　中级 6　高级 2
加一初级 10　中级 6　高级 2　容一初级 2　中级 4　高级 4
军一初级 2　中级 7　高级 2　取一初级 5　中级 8　高级 3
从一初级 6　中级 6　高级 3　间一初级 7　中级 6　高级 2
解一初级 4　中级 10　高级 4　班一初级 4　中级 6　高级 1
便一初级 4　中级 7　高级 0　科一初级 4　中级 6　高级 2
息一初级 3　中级 1　高级 6　花一初级 2　中级 10　高级 4
病一初级 5　中级 7　高级 3　补一初级 2　中级 6　高级 2
饭一初级 7　中级 4　高级 1　礼一初级 1　中级 7　高级 4
楼一初级 3　中级 7　高级 0　经一初级 9　中级 4　高级 6
留一初级 5　中级 2　高级 3　快一初级 8　中级 7　高级 1
号一初级 2　中级 7　高级 1　知一初级 3　中级 2　高级 7
考一初级 5　中级 9　高级 0　流一初级 4　中级 7　高级 6
假一初级 7　中级 4　高级 3　感一初级 7　中级 5　高级 7
温一初级 3　中级 4　高级 4　任一初级 6　中级 2　高级 4
往一初级 4　中级 5　高级 3　热一初级 4　中级 9　高级 4
区一初级 3　中级 7　高级 0　支一初级 2　中级 7　高级 1
告一初级 4　中级 3　高级 6　举一初级 5　中级 1　高级 6
化一初级 3　中级 8　高级 7　次一初级 4　中级 9　高级 2
原一初级 2　中级 11　高级 5　展一初级 4　中级 6　高级 1
办一初级 6　中级 7　高级 1　务一初级 4　中级 5　高级 1
受一初级 6　中级 7　高级 1　觉一初级 4　中级 3　高级 4
比一初级 8　中级 4　高级 4　星一初级 6　中级 3　高级 2
户一初级 0　中级 5　高级 6　客一初级 6　中级 7　高级 0
线一初级 2　中级 5　高级 4　放一初级 0　中级 7　高级 4
密一初级 0　中级 7　高级 4　冷一初级 1　中级 4　高级 6
引一初级 0　中级 5　高级 5　个一初级 4　中级 6　高级 0
别一初级 7　中级 4　高级 5　着一初级 4　中级 8　高级 2
在一初级 7　中级 9　高级 1　再一初级 2　中级 8　高级 0

组词能力为 0 的基础字有:

尸、爪、穴、戈、歹、丁、犬、卜、兑、朱、川、卑、卓、瓦、兰、丙、亦、勿、丘、丐、匆、柬、肖、乔、冈、勾、匀、乞、尼、昆、君、婴、奥、斯、旨、卵、辱、函、禽、斩、奴、伐、顷、桂、僚、俊、剖、淹、枕、颤、缸、邦、框、胚、碟、妖、缴、崖、灌、衫、捷、拯、腾、锁、漆、骚、琢、玫、菊、谨、贱、亭、翁、旱、芒、阁、刑、卦、疏、萧、罗、耕、廷、旬、屈、昔、柔、贞、遂、艾、眉、齿、隹、刃、弗、州、鬲、叼、舅、吴、侯、尉、亨、禀、刘、卢、袁、敝、砸、愕、潭、磷、豺、隋、崔、吾、洛、浦、喇、唐、彦、孟、绒、魏、赵

根据统计，部分基础字的所组词，没有在《汉语国际教育用音节汉字词汇等级划分》中出现，如“贞、遂、艾、眉、齿、隹、刃、弗、州、吴、尉、禀、卢、袁、敝、愕、潭、磷、豺、隋、崔、吾、洛、浦、唐、彦、赵”。还有部分基础字，如“欠”“矛”，其某个义项下所组成的词，也没有在《汉语国际教育用音节汉字词汇等级划分》中出现。这些整理罗列的内容，在接下来的教学设计中都是需要考虑进去的。

第四章　基础字的分组

第一节　分组的目的和标准

汉字教学设计的关键是内容的选取和安排，由于教学时段、教学对象以及教学目的等不同，教学内容不可能是完全统一的，教学内容的顺序安排也不可能是绝对唯一、固定不变的。如在教学时段上，有短期、中期和长期之分；在教学对象上，有初、中、高不同级别汉语水平之分以及汉字圈和非汉字圈不同文化背景之分；在教学目的上，有兴趣使然、生活需求和专业学习之分。加之选定的基础字，各自能力不同、结构不同、扩展字分布情况也不同，由此，在进行教学设计之前，对基础字的扩展字分布情况进行了解，根据综合能力情况对基础字进行分组是必要的。分组后的基础字能力比率情况一目了然，综合能力强的哪些，差的哪些，规律明显的哪些，不规律的哪些；所构扩展字的等级比率如何，基础字的哪些扩展字出现在教学初期阶段合适，哪些出现在中后期阶段合适，哪些扩展字适合集中教学，哪些扩展字适合练习训练等等。总之，分组的目的就是为了根据时段、对象、目的等因素的实际需求，在系统规律指导下成规律但又不失灵活地选取安排教学内容。

分组的标准不是固定的某一个，而是相关能力的综合，即“组词能力——构字能力——功能——结构——笔画”。组词能力的考虑是因为心理词典对汉字的语音识读和字义激活都有很大影响。根据《汉语国际教学用音节汉字词汇等级划分》，我们对基础字所组成的词语进行等级标注，1 为初级，2 为中级，3 为高级，0 为超纲，然后以基础字构成的初级词语数量作为判断所谓组词能力高低的主要参考。基础字或偏旁在作为构字字符时，所构字数是判断构字能力高低的依据。功能则主要是指基础字或偏旁，在作为构字字符时的表义度和表音度。结构则主要指的是基础字的外部结构，即整齐对称结构如“左右、上下”，与复杂结构如“上中下、上下（左中右）、左中右、左（上下）、（上下）右、包围、特殊”；至于笔画，根据认知心理学的研究成果，汉字识别存在笔画数效应，笔画数是影响识别的因素之一，艾伟（1923）的一次以 148 名美国大学生为对象的单个汉字观察实验表明“容易观察之字，其笔画在一与十之间”。据此实验结果，本研究暂且设定笔画数 10 为笔形学习难易的一个分界点。但因笔画只是影响汉字识别的一个因素，所以笔画这一标准并不是进行基础字分类的主要标准，只是部分分组成员的主要参考。

第二节 组的具体内容

根据上述标准，观察 695 个基础字，可分以下几种情况：构词强＋构字强；构词强＋构字弱；构词一般＋构字强；构词一般＋构字弱；构词弱＋构字强；构词弱＋构字弱；构字一般＋表音规律；构字一般＋表音不规律；构字弱＋表音规律；构字弱＋表音规律差；表义功能；表音功能；表义功能＋表音功能；常用词＋非字符等。据此，将 695 个基础字分为 13 组，具体分组情况如下：

第 1 组：该部分基础字具有较高的组词能力，即组成的词语属于初级等级的数量在 3 个以上，如“人——人、主人、爱人、白人、别人、病人”“们——们（朋友们）、你们、人们、他们、它们、她们、我们、咱们”。该部分基础字（或部分结构）在作为构字字符时，具有较高的构字能力，所构成的字数在 10 个以上，如“口、木、日、土、月、人、又、女、广、儿、十”。该部分基础字（或部分结构）在作为构字字符时，如果承担表义功能，那么表义度在 44%以上，如“手（扌）、水（氵）、口、木、（艹）、人（亻）、心（忄、⺗）、言（讠）、金（钅）、女”；承担表音功能时，可以完全表音或表音度极高，如“交、包、方、古、高、青”；以表义的基础字为主。该部分基础字的外部结构简单、整齐，主要包括独体、上下和左右结构的双部件合体字。上述 5 点，前 3 个属于主要标准，后 2 个为重要参考。同时具备 5 点，也就是综合能力比较高的基础字，列入第 1 组。具体包括“人、们、女、子、口、目、手、打、举、心、怕、进、大、说、日、火、热、饭、米、水、河、花、金、钱、车、门、客、示、礼、走、往、酒、病、围、力、立、广、分、包、方、各、马、白、高、工、干、皮、交、者、儿”。

第 2 组：该部分基础字的组词能力较低，即组成的词语属于初级等级的数量在 3 个以下，如“雨——雨”“土——土”“山——山、爬山”。该部分基础字（或部分结构）在作为构字字符时，具有较高的构字能力，所构成的字数在 10 个以上，如“石、页、巾”。该部分基础字（或部分结构）在作为构字字符时，承担表义功能，表义度仍在44%左右，如“土、米、足”；该部分承担表音功能的基础字比较少，但表音规律较强，如“跟——根跟、很恨狠痕、垦恳、限艰眼”“占——站沾战毡粘、玷店、帖贴”。该部分基础字的外部结构简单、整齐，主要包括 1 部件独体字和双部件合体字。该部分基础字的最高笔画数控制在 13。具体包括“木、笔、线、补、跑、划、土、石、山、雨、冷、阳、页、系、彩、牛、羊、鱼、鸟、止、十、几、又、非、古、跟、占”。

第 3 组：该部分基础字组词能力较低，组成初级词语的数量都为 0，作为语素组词或独立成词，一部分是组成中级词语，另一部分则是组成的中级、高级词语数量也为 0。该部分基础字（或部分结构）在作为构字字符时的构字能力比较强，所构成的字数均在 10 个以上，如“耳、虫、贝、田、存”。该部分基础字（或部分结构）在作为构字字符时，主要是义符，承担表义功能，表义度在 39.49%－44%，如“耳、贝、禾、巾、田”；同时兼具表音的功能，如“鬼、隹、弓”。该部分基础字的外部结构依据以独体、上下、左右为主。具体包括“贝、田、肉 / 月 2、肚、虫、耳、巾、寸、欠、舌、盒、郊、珍、放、鬼、弓、舟、禾、尸、狗、穴、隹、戈、矢”。

第 4 组：该部分基础字具有较高的组词能力，即组成的初级词语数量在 3 个以上，如“男——男、男孩儿、男朋友、男人、男生、男子”“少——少、少数、少年、至少、不少、多少、青少年、缺少”“出——出去、过去、回去、进去、看上去、去、去年、去世、上去、失去、下去”。该部分基础字（或部分结构）在作为构字字符时，具有较低的构字能力，所构成的字数在 10 个以下，如“光、音、气、风”。该部分基础字（或部分结构）在作为构字字符时，常常作为义符出现，也有部分以表义功能为主兼有表音功能，或者以表音为主兼有表义功能。该部分基础字的外部结构包括独体、上下、左右，还有包围。具体包括“光、音、黑、气、风、比、正、不、直、才、多、少、夫、文、见、本、市、北、衣、身、男、片、建、设”。

第 5 组：该部分基础字在组词能力方面略低于第 4 组，组成的初级词语数量最多 2 个；在作为构字字符时，也是常常作为义符出现，也有部分兼有表音功能。具体包括“月 1、刀、八、弄、林、言、角、毛、至、父、号、支、死、肉、食、香、丰、斤、士”。

第 6 组：该部分基础字与第 4 部分相似，属于常用词或常用语素，组词的初级词语数量在 3 个以上；该部分基础字在作为构字字符时，主要承担表音功能，一部分可以完全表音（不含声调），另一部分虽不能完全表音，但具有一定的表音规律，表音度比较高。具体包括“半、出、去、开、里、生、中、单、公、共、周、朋、同、相、它、是、主、快、由、今、其、西、合、台、果、京、录、因、先、危、离、反、平、真、场、孩、经、那、发、全、回、取、从、坐、流、奶、练、区、可、告、化、员、度、了、东、象、会、之、展、假、求、只、长、专、于、内、必、久、票、难、安、加、利、容、将、留、星、当、次、状、考、前、下、成、来、用、术、复、具、太、家、间、连、解、明、代、办、感、店、满、任、完、保、到、知、名、老、要、然、便、务、受、觉、普、新、为”。

第 7 组：该部分基础字组词能力不高，即组成的初级词语数量在 3 个以下；在作为构字字符时，构字能力也较低，所构成的字数在 10 个以下；该部分的基础字主要以承担表音功能为主，表音度比较高，如“采——菜彩踩睬”、“旁——膀傍榜谤磅镑螃”，或者比较有规律“奇——骑崎、寄畸、椅倚”。具体包括“青、福、也、每、介、更、章、母、卖、千、龙、及、争、参、黄、军、弟、并、我、元、司、句、易、宣、且、失、奇、九、楚、某、秋、贵、冬、己、央、晨、顿、需、楼、喝、此、澡、麻、永、旁、慢、换、碗、采、低、劳、曾、齐、王、义、五、两、喜、向、康、原、春、退、式、朝、沙、府、历、农、夜、属、查、段、温、脑、武、坚、七、无、敢、哥、产、备、写、师、右、息、布、困、与、何、希、肯、般、史、拉”。

第 8 组：该部分基础字本身属于 2、3 级汉字，组词能力不高，组成的初级词语数量为 0；在作为构字字符时，构字能力较低，大部分所构成的字数在 10 个以下；该部分的基础字作为字符承担表义功能时，除了“匠、罗、耕、爪、犬、卜、歹、缶”表义度较高，其他表义度低于平均表义度 44%，如“羽 38.8%、斗 33.30%”，其中部分义符兼具表音的功能，如“辛、斗、骨、谷”。具体包括“羽、革、辛、却、斗、旗、玉、瓜、骨、虎、牙、户、刺、浮、豆、炸、甘、谷、仰、违、峰、申、瓦、匠、罗、耕、爪、犬、卜、歹、缶”。

第 9 组：该部分基础字组词能力不高，组成的初级词语数量为 0，或者初中级为 0，甚至初中高级的词语数量都为 0；在作为构字字符时，所构成的字数 3 个以上（包括 3 个）；最主要的是该部分的基础字主要承担表音功能，表音度极高，均可以完全表音（不含声调）。具体包括“轮、付、宁、掏、胡、朵、皇、肃、昌、迅、摇、撤、捐、挨、遭、官、览、密、僚、冈、勾、夸、廷、兰、碟、僵、邦、框、逢”。

第 10 组：该部分基础字组词能力不高，组成的初级词语数量为 0，或者初中级为 0，甚至初中高级的词语数量都为 0；在作为构字字符时，构字能力低，所构成的字数最多为 2 个；该部分的基础字主要承担表音功能，表音度极高，均可以完全表音。具体包括“呈、塌、畏、柔、荒、丙、奴、伐、胚、崖、灌、衫、捷、拯、腾、锁、漆、骚、琢、菊、斯、旨、婴、奥、伏、宴、添、拔、欣、姨、丈、奏、率、列、居、竟、昏、胃、雷、郎、扎、乌、豪、蒙、即、叉、尺、兵、乎、阿、贯、库、冒、尝、虚、厉、妻、磨、岛、隐、虑、赞、巧、董、遣、桑、亭、函、贱、芒、阁、刑、疏、萧、贞、遂、艾、眉、丐、匆、绒、齿”。

第 11 组：该部分基础字组词能力及构字能力与第 9 组相似；该部分的基础字主要承担表音功能，表音度与第 9 组相比，虽不能全部完全表音，但表音规律很强，表音度也比较高。具体包括“令、旦、尚、巴、扁、勇、莫、良、仓、亡、登、傅、卷、巨、炎、享、免、载、丑、吉、宗、末、监、叔、则、遇、搜、醉、壤、尤、乙、执、傲、凡、未、辩、端、怨、滴、秀、帝、焦、折、暴、蹈、庄、童、既、塔、浅、赛、凶、委、勃、辟、玄、凌、兆、苗、孝、皆、川、肖、桂、乔、俊、屈、朱、淹、旬、尼、君”。

第 12 组：该部分基础字组词能力以及作为构字字符时的构字能力都与第 10 组接近，该部分的基础字也主要承担表音功能，但表音规律略差，或读音比较分散，或不再表音，且有部分只构成 2 字的彼此读音也不一致。具体包括“予、兼、夹、甲、余、咸、寿、签、绕、抗、辅、愉、召、弯、陷、锅、纠、灰、援、延、幽、趋、亚、勿、乞、丁、井、番、勺、寺、云、贸、卑、卓、垂、昔、匀、斩、剖、枕、颤、滋、妖、缴、荧、顷、喷、册、亦、昆、谨、尊、戒、益、敬、赖、尔、串、矛、悉、肺”。

第 13 组：该部分基础字一部分属于常用词，但不能作为字符进行构字，即构字能力为 0；一部分虽能作为字符构成汉字，但所构汉字或者与其没有任何音义联系，或者仅构成 1 字，且该字属于超纲汉字。具体包括“别、个、四、着、再、李、海、年、得、的、年、南、二、三、六、班、或、典、左、堂、晃、后、在、面、科、念、引、旋、竞、允、禁、侵、扇、丘、柬、卦、禽、翁、旱、卵、辱”。

对于分组后的基础字，我们建议综合能力越强的在教学中所处的位置越靠前，在某一方面能力突出且规律整齐的在教学中要集中体现，构字能力极低却属于常用词的在教学中出现于词语网络的系列，综合能力极低且所构字超纲的在教学中主要作为补充材料。但需要说明一点，分组的先后顺序并不完全等同于教学上的前后顺序，而是要根据具体的情况进行合适的选择。

第五章　对外汉字教学设计

第一节　教学设计的认识基础

一、对外汉字教学的定位

汉字为记录汉语而生，汉字符号的读音和意义都来自语言单位，二者之间紧密相连。不仅如此，汉字与汉语在发展演变过程中经历过同样类型的重大变化——汉字的形声化和汉语词汇的复音化[①]。这种变化，对汉字来说，义符和声符的组合，使得符号形体与语言单位之间的对应关系得到明确；对于词语来说，字与字的结合形成相互间的修饰或限定，使得词义指向更为清晰、明确。因此，我们认为二者的关系表明了反映汉字教学中最重要的“文语”关系，“以文带语”“文语相长”应该是对外汉字教学的基本理念，先“语”后“文”则是教学过程中的具体步骤与方法，两者相辅相成。在教学中完全可以利用汉字的特点以及两者相互依存的关系，让汉字在音义认知中发挥作用，形成汉语学习和汉字学习相互促进的良好局面。正如雅·沃哈拉提到的“汉字作为表意文字在学汉语的过程中对学习词汇——语言意义单位能起积极作用。学生如果从一开始就把汉字跟相应的词项连在一起学，汉字就能逐渐成为他的‘汉语语感’的有机成分，在学习词汇过程中起重要的辅助作用”。

所以，对外汉字教学的终极目标应该是让学习者明白应该怎样去了解一个跟他们的母语文字有着不同特点的文字体系，并借助它

① 万业馨. 应用汉字学概要[M]. 北京：商务印书馆，2012：152-157.

更深入地理解这种文字所记录的语言——汉语。汉字的构形是一个系统，以字讲字是汉字教学的传统，也是学习汉字最好的办法。不过汉字众多，先学哪个字，后学哪个字，以哪个字带出哪些字，组成哪些词，都需要科学安排，因为这是计算汉字教学成本的关键，也是减少学习难度的关键。为此，对外汉字教学的总设计原则设定为：从基础字（即以主要的“义符”和“声符”为“纲”）出发，把各自组成的扩展字分别归类，力求“纲举目张”；同时再以“字”为纲（主要以基础字为例），根据字在词里的位置把由它组成的词语分别串联起来，起到“提纲挈领”的作用。其设计的具体目标主要包括：（1）同意万业馨先生的观点，即要展示给学习者“汉字符号体系比较全面的真实面貌”，这里要突出两个方面：既要有义符也要有声符，既要有规则形声字也要有不规则的合体记号字；（2）通过汉字作为语言单位的组词情况，将字与汉语的关系也展示给学习者；（3）设计语境，通过“语句－词语－字”的整体认知到“字－词语－语句”的个体习得，再回到“语句应用”，实现汉字学习与汉语学习（词汇、语法）的相互融合。

二、对外汉字教学涉及的三种关系

1. 听说交际教学与汉字读写教学

从读写教学角度看，二者关系的实质是语音、语义的组合体与字形在教学中的关系。在听说阶段，语音、语义还未跟字形结合在一起，到了读写教学时，开始了紧密联系。所以说二者在教学内容上既有重合，又相互独立。听说交际教学中的信息载体为我们提供了一个个语音语义结合体在使用中的各自场合，其学习交际的语言材料，又是从交际过渡到读写的一个通道，但在具体内容的选择上，读写教学又自成系统，有字形结构分析、篇章阅读写作等，这些又是不同于听说的；二者在教学时间上的关系，微观上读写略为滞后而同步，宏观上二者并行（时间上并行，内容上有各自独立的内容）；二者的相互作用是前者为后者提供语音、语义的基础，后者使前者进一步巩固、深入和提高。我们曾在 2006 年对天津中医药大学非汉字圈的12位留学生进行了利用语境推导字义的能力调查，结果发现学生在不提供语境的条件下，或者说在没有任何语音、语义基础的情况下，对汉语词语中汉字的猜测指导正确率为29.6%；在结合语境的条件下，从词义提取字（语素）义的正确率达到57.43%。虽然制约学生通过字（语素）推测词义的因素有很多，但上述的调查结果为利用交际教学中语音、语义的信息促进汉字教学的模式提供了依据。

2.“读”的教学与“写”的教学

这一思考，主要来自白乐桑先生提出的“主动（即会书写）”“被动（即领会、认读）”概念，以及国内学者提到的“领会式（即领会字义）”和“复用式（即字义、用法都要掌握）”概念。另有外国学者柯传仁（KE Chuanren）[①]（1996）曾着重分析过汉字识别与汉字书写之间的关系，以及不同的学习者在汉字识别与汉字书写这两项测验中的表现。根据测验结果推断出，在汉字识别任务中，一旦学习者获得了某些关于字形的不完全的信息，足以唤起他们记忆中储存的关于某个汉字的完整的信息，他们就可能成功地进行解码从而识别汉字。而在汉字书写任务中，学习者则需要确切掌握汉字字形的完整特征以达到准确书写。柯传仁[②]（1998）的另一研究也得到了类似的结果。这些概念或研究本质上都是强调不同“地位”汉字的不同对待方式和处理方式，也就是说基于汉字展开的“读”与“写”在教学内容和操作方式上都有所不同。这一点无论是从“分流教学”[③]的建议，还是相关汉字学习大纲（法国）的实施，都是教学界对二者关系的关注和尝试。易认难写是汉字自身的特性，输入大于输出是语言教学和语言使用的规律，汉字教学应该注意阅读的心理特

① KE Chuanren. “An empirical study on the relationship between Chinese character recognition and production”. *The Modern Language Journal*, 1996, 80(3): 340-349.

② KE Chuanren. “Effects of language background on the learning of Chinese characters among foreign language students”. *Foreign Languae Annuals*, 1998, 31(1): 91-102.

③ 周小兵（1999）提出“分流教学”的建议：“在教汉字的过程中，要求学生能认读和能书写的应有一个合理比例。比如说2:1和3:1. 一个学年下来，可以认读800多汉字，书写300—400个汉字。”

点，利用这一特点把认读和书写的要求分开。另外，随着电脑使用的普及，越来越多的人依赖电脑手机书写，只要能掌握字、词读音以及汉字的轮廓和重要的区别，他们便可以轻而易举地从显示的字库中快速选出所需汉字。因此从学习者阅读和使用电脑的实际需求和应用来看，认读可能比书写更为重要。

3.“单纯读写练习”与“汉字应用练习”

基于兼顾理论和心理学内隐记忆的理论，在目标字（本研究中即基础字）明确之后，汉字读写需与语音、话题交际、词汇、语法等练习合作进行，从而实现汉字信息的记忆深度和加工的精确度，提高目标字的复现率，降低读写难度及学习者的逆反心理，充分发挥内隐记忆的作用。读写是对“字”的结构方式的学习巩固，应用练习是对汉字组合、聚合关系的实际操练，二者的结合正是对外汉字教学新思路的体现。

三、对外汉字教学中的两个网络

1. 汉字构形的网络

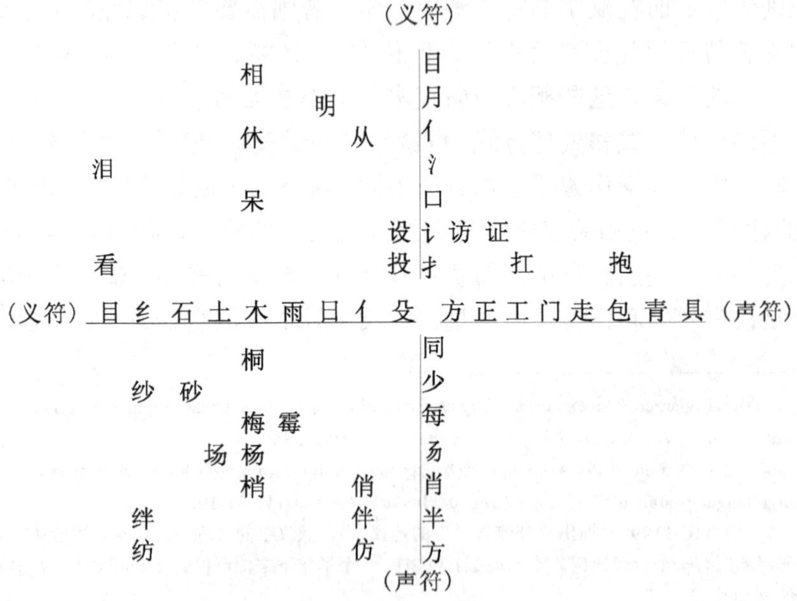

除了部分独体字外，我们可以通过上述的横纵组合方式得到绝大部分的形声字和会意字，以及标注出记号字，如前分析，这前两部分占全部常用汉字的80%以上。只出现在一个位置上的基础字，其作为字符的功能集中，若在两个位置都出现，则具备双重功能。如果在教师的头脑中存在这个网络，在进行汉字教学时，就能有意识地沟通新旧知识，通过系联与之相关的同偏旁字，帮助学习者理解汉字的结构系统，培养汉字的字感。

2. 汉字构词的网络

汉语词义的网络性有几种体现，如单音节的同部首词、合成词中的各类同素词，如表5.1所示。

表5.1　同部首词和同素词示例

	大～	小～	～里		公～	母～	～肉
碗	大碗	小碗	碗里	鸡	公鸡	母鸡	鸡肉
杯	大杯	小杯	杯里	狗	公狗	母狗	狗肉
床	大床	小床	床里	猫	公猫	母猫	猫肉
门	大门	小门	门里	牛	公牛	母牛	牛肉

围绕一个汉字展开的词语网络，如“人”见表5.2所示。

表5.2　汉字构词分布示例

人～	人口、人类、人们、人生、人才、人力
人～	人物、人民、人员、人士
人～	人道、人缘儿、人品、人格
～人	军人、商人、工人、诗人、艺人、主持人
～人	好人、坏人、富人、穷人、主人、客人

以及由一个词展开的词语网络：

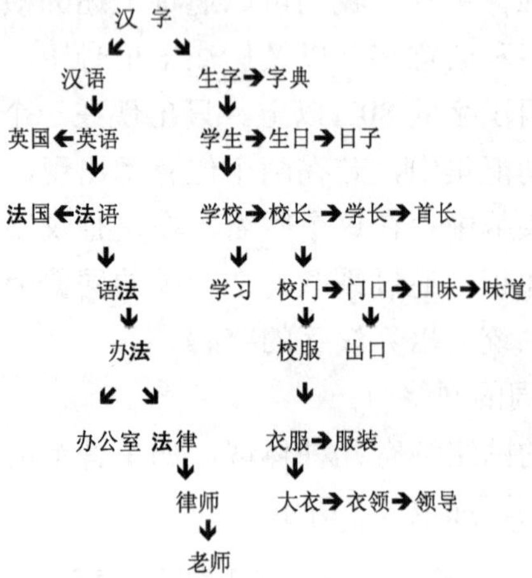

第二节　教学设计中的阶段划分

一、阶段划分的依据

外国学生尤其是非汉字圈学生在汉语学习整个过程中，反映出的有关汉字认知的三个难点，分别是：对汉字形体结构的认识和记忆（平面二维结构）；在使用各类教材时的汉字读写困难（字形、字音、字义）；课外场景媒介等情况下的汉字材料的阅读理解问题（字词）。根据不同阶段的重点难点不同，借鉴汉语水平的初、中、高三个等级，我们将对外汉字教学分为三个阶段。

三个阶段始终贯彻“应用”原则，循序渐进地安排知识内容。第一阶段，汉字教学与汉语技能（口语）教学结合、同步，以汉字的义类为系统，注意初级词语的使用和简单句式的输入，让学生在有语音语义基础铺垫的情况下，整体认知汉字，应用汉字。第二阶段，听说教学向读写教学过渡，以词汇为系统，培养学生在词汇中识字，在集中识字中形成快速区别汉字的能力，形成运用义、音线索去识别理解记忆汉字的习惯。第三阶段，从词汇识字转向阅读学习，引导自学应用为主，提高汉字、词汇难度及数量，巩固应用汉字结构规律快速认读汉字的能力，提高阅读速度和写作应用水平。

二、三个阶段的划分

1. 第一阶段

学习起点：零起点。汉字教学与口语学习同时进行，但二者教学目的不同，因此教学内容并不完全同步。

教学目标：培养学生整体认知汉字和观察汉字结构层次的能力；了解汉字的字形特点和基本书写规律，包括基本笔画，左右、上下、包围等部件组合结构；了解会意字构字理据，归纳表义的偏旁。

教学内容：最常用的独立成词的汉字和虽不成词但意义单纯、组成的词最常用的字，包括基础字中可以独立成词的 1、2 级字，不能独立成词但所组词属于常用范围的字，与基础字属于同一义类的部分 1、2 级扩展字，以及最常用的部分 1、2 级扩展字；所选汉字字数控制在 800 字左右①，内容按照“数量、时间、身体、方位、人物称谓、动物、植物、自然、颜色、食品、用具家居、常用动词、形容词、副词、代词、连词以及语气词”等义类进行分组。

需要说明的是，对于 1、2 级扩展字中的部分会意字，如“信、休、体、位、好、加、看、明”，每个字结构中的左右两个字符都是基础字，在第一阶段学习很有价值；“保、套”等有字形变化的会意 1 级字，会作为扩展内容在第一阶段。另外会补充部分不属于 1 级但是由两个基础字构成的会意字，如“尾、眉”。

2. 第二阶段

学习起点：学习掌握了初级汉语口语，认识 800 个左右常用汉字，掌握汉字书写的方法，拥有 2000 个左右的汉语词汇量。

教学目标：实现听说教学向读写教学的过渡；在初级阶段形成

---

① 此数字的考虑主要借鉴前辈专家及相关大纲的研究结果，如万业馨《中国字认知》（教师用书）提道：“《中国话》上册课文所用词语共 941 个，比较符合汉字符号体系全貌的需求。”白乐桑《法国汉语教学的现状教学标砖学科建设》提道：“在初级水平阶段，脱离了分散识字教学，我们明确公布了 405 个字、505 个字、805 个字（汉语为第一外语的识字门槛）、1555 个字的汉字字表。”《汉语国际教育用音节汉字词汇等级划分》中收录普及化等级（一级）汉字为 900 字。

对汉字基本构形规律认知的基础上，开始进行以“字”为纲的集中识字；掌握常用的义符和声符，对规则形声字能够推测意义范畴和大致读音；了解汉字构词的规律，在词语中体会字的意义；可以完成短文阅读和简单写作。

教学内容：按义类为组学习其余1、2级记号字和会意字；以义符（主要集中在基础字第1、2、3组）为纲集中学习意义明确的1、2级形声字，如“心（忄）：情感恨想念思怕忧虑”；以构字数在2字以上的1、2级声符（主要集中在第6、7、8、9组）为纲，如“青：情请清晴精睛、白：怕拍伯泊 ”，集中学习义符能区别意义的形声字。字数在1500字左右，主要是1级和2级字，在声符为纲集中学习义符别义时可适当加入之前第一阶段出现的字以及3级、超纲字，这部分所列汉字区分认读和书写、领会和复用的不同要求。

确定意义明确的形声字，首先要考虑“义＋音”的具体类型，根据“音”的情况，我们把“义＋音”的结构形式暂且分称为“典型式”和“系列式”。“典型式”即字符音与所构字的现代读音一致（声韵相同），如“们、妈、吧、抓”；“系列式”即字符音与所构字的现代读音虽不一致，但在某一系列汉字中有相同的发音，如“也——他她；立——拉垃”。根据“义”的情况，一种是字符义可以直接表意，另一种则是字符义的本义已经消失或在现代汉语中不再使用，但在所构字中存在，如“又、寸、斤、页、贝、斗、示”。以上几种情况，在第二阶段优选“典型式”中的一、二级形声字，对于声符所构字属于三级或超纲的，如“慢（曼）－漫蔓幔鳗墁谩）”，可以考虑列出全部扩展字，但会有不同的教学要求；“系列式”和字符义本义消失的则选取所构字属于一、二级的，如“她他”“顶领”。

记号字包括三种形式：“义＋记”“音＋记”“记＋记”。第一阶段主要涉及的是最后一种，即合体记号字。它主要包括两种情况，一种是纯粹记号字，即两个或两个以上部件都与字音、字义没有任何联系，如“可只呆”；另一种是原本表音或表义功能消失的记号字，如“仅价何例另虽”。不管是哪种形式的合体记号字，具体教学安排，一是合体记号字的结构认知和书写，对可以追溯还原的汉字可以列出其发展变化的过程，沟通古今字义字音，但不会进行主要教学。二是作为语素时的组词表现，后者为重点。第二阶段开始出现“义＋记”“音＋记”结构的汉字，同形声字一样按义符或声符分类，对记号部分只作书写要求。

另外，这一阶段涉及两个问题，一个是义符和声符的顺序问题，据之前对主要义符的等级分布分析，属于一级的占义符的 62.6%，所以义符字位于声符字之前，如“请、情、清”例字在义符体例中出现后，才会出现声符字“青”，然后根据声符“青”复习已学义符例字，并接触新义符例字“晴；睛、精”，之后尝试系列字的辨义。另一个是各个义符的出现位置问题，首先是根据对基础字综合能力的分析结果（第二节中的分组）进行初步排序，然后根据相关性分组，或者有意义联系，如“人、女、子、口、手、目、心”依次出现；或者考虑结构关系、例字可重复出现，如“亻”在前，例字中出现了“休、信”，“木”“言”在后出现，例字中会再次出现“休、信”等。

3. 第三阶段

学习起点：掌握汉字的常见独体字、合体记号字和主要义符、声符，认识 1800 个左右的汉字，了解汉字构形的规律和汉字组词的规律，拥有 4000 个左右的汉语词汇量。

教学目标：突出培养和提高两种汉字能力，一是识别旧字的准确度和速度，二是对新字快速输入并准确输出的能力；对现代汉字结构有一个较为全面的认识，对义旁系统和声旁系统的分工情况有一个初步的印象；学会使用汉语字典、词典，在词的系列中归纳字的意义，以字为单位，系统学习词汇，扩展词汇量；培养阅读和写作的能力。

教学内容：第一阶段和第二阶段已经覆盖了大多数的义符和声符，第三阶段以拔高和自学为主，因此内容主要包括：按义类为组学习剩余的 3 级、超纲独体记号和合体记号字；将其余 3 级、超纲形声字，按相同义旁、声旁列出，借助字典、词典了解字音、字义以及所构词语；选择、改编新 HSK 阅读材料，材料包括所学的 1200

个左右汉字。

之所以选择超纲字，是因为超纲字整字虽然不在等级范围内，但其内部结构规律相对比较整齐明显，且分解出的部件，或是成字或是常用偏旁。如：

“木”——	（义＋音）	（义＋义）	（义＋记）
	槽：木＋曹	栗：覀＋木	杏：木＋口
	樱：木＋婴	栅：木＋册	条：夂＋木
	樟：木＋章		
	橄：木＋敢		
	檬：木＋蒙		
	檐：木＋詹		
	桅：木＋危		
	杈：木＋叉		

所以，在经过第二阶段能力培养后，学习者可以根据结构类型提示，独立完成对整字的一级拆分，然后观察字符功能及位置，激活已学知识，对目标字的字义范围进行推断，对同声符字进行快速别义。

除超纲字之外，在第三阶段还会出现部分构字规律比较分散的基础字和结构规律不清晰的扩展字。该部分内容出现的目的有两个，一是本着客观全面展现现代汉字结构系统面貌的原则，让学生了解到还有一部分的字符虽具有表音表义功能，但由于语音、字形等的变化，其字符的功能在现代汉字中已经弱化或分散；二是让学生在自主学习和观察中提醒适当应用字符功能，避免出现泛化后的错误认读现象。

三、三个阶段的教学内容

根据上述要求和标准，三个阶段教学具体内容如下：

数量：一二两三四五六七八九十百千万半几多少些

页斤元台顿场次支句本片个段寸尺册代串位份双棵件种

时间：年月天日夜午早晨春明昨时间（日）冬夏秋季（禾）今

周星期号点初

身体：头身体毛发口耳手舌足肉脸肚脑胃腿脚胖肌肤肥肩（月）皮眼泪眉（目）鼻面心角牙尾（尸）力

方位：上下前后左右旁边里内外中间东西南北

人物称谓：人我你您他们俩（亻）谁父爸爷（父）母儿男女士子孩孙（子）她妈姐妹奶（女）哥弟老自己姓名丈夫妻员朋友

动物：马牛羊猪狗猫（犭）鱼鸡鸟虫

植物：木林树花草果

自然：土火石矿破碎（石）山岗峰（山）雨雪雷（雨）电田水冰泉沙河（氵）风气光阳星云

颜色：黑白红绿（纟）黄青灰

食品：茶酒汤（氵）瓜果肉菜米包饭饺（饣）豆食

用具家居：书本笔筷篮箱（⺮）包刀刃叉勺盘盒盆盏（皿）碗巾布灯门床杆椅板桌柜（木）窗

处所：工厂厅厕厨厦（厂）家店府庄（广）寺公司市区国园（囗）馆房（户）地址（土）

物品：玉钱金衣纸线（纟）货财（贝）宝球珍珠玻璃（玉）视礼（礻）扁扇（户）垃圾（土）裤衬衫袜袖（衤）

交通：路道车船航（舟）飞机

健康：病痛疼（疒）生死康复

学习：文言汉字课班校

姓氏：王李

动词：坐来去回出进退过还（辶）听看见观（见）躺躲（身）走起（走）跑跳踩（足）打拉换抱（扌）拿拜（手）采爬（爪）说话讲讨论访（讠）叫问告吃喝（口）站（立）放教改收数攻（攵）祝福（礻）刻刮割剧（刂）划找（戈）练组织（纟）赛贷购赠赔（贝）饮吹（欠）玩弄（玉）张弹（弓）想忘忍念感觉（心）怕恨性（忄）炒炸烧照煮煎（灬）切剪（刀）补（衤）穿流写开关合取到办是用加比建设尝买卖止具备请休息分信算解画喜会需要能可以知有哭笑

形容词：大小长短矮（矢）高低远近快慢饱饿（饣）好差广干

方平直热冷冻（冫）温浅满（氵）假真贵正反新老香易难古主客安（宀）空窄穷（穴）甜强弱弯（弓）贫败赢（贝）美善鲜（羊）困坏急忙盲（亡）对

副词：不没别很巨全都再又才还也并且更太非只先未共无刚应该总当然

介词：在由从向往因为

连词：与同和跟或及虽但

代词：某每另这那哪什么

助词：了着的

语气词：吗吧呢

2. 第二阶段（共计 2280 字，636 字属于重现，287 字属于超纲）

以偏旁为纲，“（ ）”里分别为：义＋音；义＋义；义＋记。大部分会意字会在两个字符中都出现；第一阶段出现的少部分字会重复出现，如沙、炒，声符的例字为了系统别义，第一阶段的字会再次出现。“*”为超纲字，“斜体”为记号字。

人（众闪四）、亻（住依优低仪仔仰伙估伸伴佛供侧俩促俱倡倾俗偿傅傍傲储仿；作像伍付侵；伤便做借候债偷傻佳）、大（尖套夯奢夸；奈爽奔奥莫）、女（奶妹姑姐姓娘婚媒她始娃姨婆嫌妙；如威委妇奴；始娱）、子（孤；存学；孝孕；字籽仔）、儿（兄）、口（吗叫号和知喊吃吧味吼哪响哈喝问啊唱喷含咨吐吓呀吸吨吵呼咖咬咳喂嘛啦啡啤；命；呢咱嘴叹吞售）、目（睡瞧督盼眼睛；冒；眠）、见（览；规觅）、手（掌摩）、扌（托抓把技批挺抱拉护招挂持指按换排掉推搞摧握接据提扎扑担抬拔押抽拍拨择括挣描挥挑挤拼捕振捐损捡挨措搜援授掏控摸搭揭摇摔撞撤扔扣扩扬扶拒抄拥抵擦操搬抠挡扮抢抗扭；播扫折投；执扰拓拐拖折拾摆摘撑捉摄探插挖、举奉）、心（志忘态 忽愿想恐虑恋恳悬患慰悲忍忠愁怨慧；意悉惠；恩恶）、忄（忆怀忧恢懒憾恰恨悟悄悔惜惊愉惨愤慌懂情惯；怪怜）、日（旦暖景旱暴昏昌晶冥晓晕晰昔）、月（朝望阴）、火（烟烂炉爆炼炮煤燃；烦灾炎灭；汉法治海深温游）、热（烈照熟；焦）、氵（汽注湖油泳渴澡洗济消浪清；漫滴潮湾渠混液滑港泡汁汗池泛沟浅渡泥波泼洁洪洞测浮润涨淡漠源洋浓；涉；没汇湿污江漏沉沿洒潜激）、冫（凉；寒）、木（机杆村楼模根桥格械材枝榜松桃枪构柱柿栏档梅植核案梯；析森棉；杯条标棒横柴荣）、艹（草艺莱花苦落蓝葡萄苹蕉薄藏薪蔬；苗葬莽；药茶菌蒙茄）、⺮（简管篇符策籍签箱箭；第筑）、纟（经络结级纯纲纳绕绘维纵缩纷编综统；继续细绪缘）、糸（紫；累素；索紧）、月（肌肚肠肤肺肢肿股胁胆胞胖胸胶脱腰脾膜腐骨脆）、片（牌）、肉（腐）、页（颜预领项顶额颠；烦须顺顷；项题顾硕）、耳（闻聪；聊）、寸（守夺付；导；寻村）、又（受奴；度；）、欠（歌欣欲欺歉；炊；砍坎）、舌（辞；括活；乱适）、言（誉）、讠（认让训记访证评识词试该误读调谈订讯诊译诗诚诞询详诸诺谊谋谅谓谐谦；计；谢诉许）、辶（达运迷速造通迁迅违返迟迫逃递逻迹透逛途遇遭邀避；连逐；迎送追逼遗）、足（距践跌跨跪踢踩蹈蹲踏踏；跃）、走（赶超越趋趟）、彳（街征彼径律循徒；往得待行德）、田（界；留奋；）、禾（租稍税稻私；科利秀委；积）、米（精糖粉粗粮糊糕糟；料；粥粱）、饣（饼馒饥）、钅（铁银钟钢铜镇铺键铃镜锅锋锁；针；铅钻）、车（转轻辆轮载；军库阵；输轨）、门（阔阅；闯闪闹；闲闭；们闻问闷）、宀（富寄完定宣宇审宠宁宾宏宴；室容守牢灾宗寒；宫宜实察官宅宽宿）、广（座庭底废；库床；矿旷犷）、衣（装裁裂袋裹）、贝（责赚赞质）、刂（判刊刺；利罚；制列则刷）、舟（舰艇）、土（城坚基境塞壁墓塑填塔坦坡型堵均堆培；社墙封庄；压域；吐徒肚杜）、士（壮）、石（础码磨；研硬确碰碍）、山（崇岸幽；岛）、阝（防险院随阶阻附限陷陪隔障；阴阵；际陆隐降）、气（氛氧）、雨（震露雾霉霞）、示（禁；宗祭）、礻（神祖祸祥；社）、酉（酱尊醋醉醒；配酸）、疒（疗疯瘦症）、牛（物牺牲；牢；牵）、羊（群；样养氧洋痒、详祥翔）、角（触）、珍（理环）、廾（戒弃）、矢（疾）、穴（究窍窑窜窝窃；突帘）、犬（突臭伏；默献）、犭（狠狮狼猴；犯狂独猜猎）、隹（集焦；推堆、唯维帷惟）、马（骑驻驶骄驾驰驱；闯；妈吗码玛★）、囗（固圈圆；囚；团图）、阝（部邮郊邻都）、力（功助努势勇劲勤励；幼；务动劳；历励荔雳）、放（敏散敲）、不（否歪）、多（够）、少（秒劣；炒吵抄钞；沙砂）、至（到；

屋致室）、甘（甜）、殳（投役；毅毁）、戈（战；戒伐）、彡（形影修；须）、十（博；协）、巾（幅帽幕；席带）、皿（盛；益盗盟监盈）、死（毙；葬）、羽（翻翰；扇）、辛（辣辜）、革（鞋鞭；勒靴★）、旗（旗；族；旅旋）、玉（莹；国宝）、歹（残殊殖；死）。

分（氛粉纷芬、颁扮）、包（抱饱胞雹★鲍★；跑泡炮刨袍★）、方（访防放房仿芳妨纺肪坊★；旁）、各（阁格胳客；络洛骆★；路赂；烙★酪★）、古（姑故固估辜咕★沽★；苦枯）、少（炒吵抄钞；沙砂）、白（拍怕柏帕；迫魄；伯泊舶★）、高（搞稿膏镐★篙★；豪毫蒿★）、工（巧；式；功巩贡攻汞★；空虹红；杠缸扛肛★）、谷（欲裕浴）、干（杆肝竿秆★；汗旱罕刊）、千（迁纤歼）、夫（扶肤芙★）、皮（披疲彼；坡破颇；跛★波玻）、交（较饺郊胶狡绞★跤★；校效）、者（都堵赌睹；诸著猪煮；暑署）、几（机肌饥叽★讥★）、直（值植殖置）、占（站战沾粘毡★；店玷★；帖贴）、我（饿鹅俄★峨★娥★蛾★）、支（枝肢吱翅；技妓★）、里（理厘狸★哩★鲤★）、开（形刑）、生（胜牲笙★甥★；姓性星）、中（钟种忠肿仲衷；冲）、是（题提堤；匙）、主（住注驻拄柱★蛀★）、快（快块；决诀）、由（油邮；抽宙轴；迪笛）、其（旗期欺棋；基箕★）、正（整政证征症怔★）、艮（根跟；很恨狠痕；垦恳；）、风（疯讽枫★）、比（批秕★庇★屁★毙）、才（材财）、合（盒；鸽蛤★；恰洽）、台（抬胎苔★怠）、果（课棵颗）、京（景惊鲸★；凉谅晾★）、录（碌禄★；绿氯）、因（姻茵★；烟咽）、危（跪诡★；桅★）、离（漓★璃★篱★）、反（饭返贩；板版阪★扳★）、平（评苹坪萍★）、真（镇慎；颠滇★）、场（场肠畅；扬杨）、孩（孩骇★；刻咳）、经（经劲颈茎★；轻氢★）、发（拨泼）、全（拴栓；痊）、取（趣娶聚）、坐（座；挫锉★）、从（丛纵耸）；奶（奶；扔仍）、练（练炼；拣）、区（躯驱；殴欧★鸥★）、可（河何呵）、化（华花）、象（像橡）、度（渡镀★；踱★）；了（疗辽）；东（冻栋）、只（织职识帜）；长（张涨账胀帐；怅★）、专（传转砖）、于（宇吁迂★芋★）、内（纳呐钠★）、必（秘密泌）、久（灸疚★玖★）、票（漂飘瓢★）、难（摊瘫滩）、安（按案氨★鞍★）、加（架驾嘉伽★枷★）、利（梨犁黎痢★莉★俐★）、容（蓉★榕★溶★熔★）、将（奖浆桨蒋★）、留（溜瘤★馏★榴★）、星（醒猩★腥★）、当（挡档铛★）、次（资咨姿）、状（妆状壮）、考（烤拷★铐★）、前（剪箭煎）、下（吓虾）、成（诚城）、来（莱★睐★）、用（拥佣）、术（述秫★）、复（腹覆）、具（俱惧）、太（态汰★）、家（嫁稼）、间（简涧★）、连（莲链）、解（蟹★懈）、明（萌盟）、代（袋贷）、办（协胁★）、感（撼憾）、店（惦掂★）、满（满瞒★）、任（任妊★）、完（院皖★）、保（堡褒★）、青（请清情晴；精睛蜻★靖★）、福（福副幅富辐蝠★）、也（她他；池弛★）、介（界阶芥★）、章（障彰樟★）、龙（拢垄咙胧★聋笼；庞宠）、及（圾级极★；吸）、争（睁筝挣狰★、净静）、参（惨掺★；渗）、军（浑荤★；挥辉）、弟（递梯剃涕）、元（远园；完玩顽）、并（饼瓶拼屏）、司（饲伺★；词祠★）、句（拘驹★；够狗苟★）、易（踢剔惕；锡★）、且（组租阻祖诅粗）、失（秩迭跌；铁）、奇（骑崎★；寄畸；椅倚）、九（究鸠★）、某（谋煤媒）、秋（瞅★愁）、贵（馈溃）；已（记纪忌起）、央（殃★鸯★秧★；映英）、晨（晨、震振赈★）、顿（囤★；顿吨盹★钝★；纯）、需（儒蠕★；糯★懦★）、楼（楼搂篓★；缕屡）、喝（喝渴；揭遏竭★谒★）、此（紫雌★）、澡（澡躁燥噪操臊★）、麻（嘛；魔磨摩）、永（泳咏★）、旁（膀傍榜谤★磅★螃★镑★）、慢（慢漫蔓幔★鳗★墁★谩★）、换（换焕★唤涣★痪）、违（伟违纬★苇★讳★）、申（神伸审绅呻★）、碗（惋★婉腕豌★）、采（菜彩踩睬★）、低（低底抵）、劳（捞唠★涝★）、曾（增赠蹭★憎★）、齐（济挤剂脐★）、牙（讶芽呀鸦雅）、户（炉芦★庐★、护沪★）、浮（浮俘孵★桴★）、王（王旺汪枉）、它（驼★鸵★舵★）、义（议仪蚁★）、五（伍吾★）、两（辆俩）、喜（嘻★嬉★）、向（响晌★）、康（慷糠★）、原（源愿）、春（椿★蠢）、退（腿褪★）、式（拭★试）、朝（潮嘲）、两（俩辆）、沙（莎★鲨★）、府（俯腐）、历（沥★雳★）、农（浓脓★）、夜（液腋★）、属（嘱瞩）、查（喳★渣）、段（锻缎★）、温（温瘟★）、脑（脑恼）、斗（抖蚪★）、瓜（弧狐★）、骨（滑猾）、豆（逗痘★）、炸（炸诈咋★）、轮（论轮伦抡★沦★）、付（府附符咐）、宁（拧柠★狞★泞★）、掏（掏萄陶淘）、胡（湖葫★蝴★糊）、朵（躲垛★剁★跺★）、皇（凰煌惶★蝗★）、肃（萧啸箫★）、昌（倡唱猖★）、迅（迅讯汛★）、摇（摇遥谣）、撤（撤澈★徹★）、捐（捐绢★

娟★)、挨(挨唉埃★)、遭(糟遭槽★)、官(馆管棺★)、览(揽缆榄★)、密(秘密泌)、令(领零龄邻铃玲★岭伶★聆★羚★翎★拎;怜冷)、旦(但担胆、坦袒★)、尚(赏淌裳★;常尝敞;掌倘淌;堂趟躺党棠★)、巴(把吧爸芭疤★;爬耙★靶★笆★耙★)、扁(遍编匾★蝙★篇;偏骗翩★)、勇(勇涌俑★蛹★;通痛桶捅★)、莫(模膜摸漠寞摹★馍★;幕慕募暮★蟆★)、良(粮;娘酿;浪朗郎狼琅★)、仓(苍舱沧★;创疮★;抢枪呛★)、亡(忘望妄;忙盲芒氓★)、登(瞪凳蹬★;澄橙)、傅(傅缚敷★;博搏膊)、卷(倦眷★;圈券拳)、巨(拒距炬矩★)、炎(谈毯痰★;淡氮★)、享(醇敦淳★谆★)、免(勉娩★冕★;晚挽)、載(載裁栽哉★)、丑(扭纽钮★)、吉(结洁秸★)、宗(综踪棕★;崇)、末(抹沫茉★)、监(蓝篮滥)、叔(督椒淑★)、则(厕侧测)、遇(遇愚寓隅★)、搜(搜艘嗖★馊★)、醉(碎粹翠悴★;醉)、壤(壤嚷瓤★囊)、尤(优犹忧)、乙(亿艺忆)、执(势挚★)、傲(熬傲)、凡(帆矾★)、未(味;妹魅昧★)、辩(辩辨辫★)、端(端;喘揣★)、怨(怨苑★鸳★)、滴(滴嫡★嘀★)、秀(绣锈诱)、帝(缔蒂★;啼★蹄★)、焦(蕉礁★瞧憔★)、折(哲浙★;逝誓)、暴(爆曝)、蹈(稻蹈;滔★)、庄(桩;脏赃★)、童(瞳★;撞幢)、既(概溉;慨)、塔(搭瘩★;塔)、浅(钱浅;践贱;线)、赛(赛塞)、凶(匈★汹★)、委(萎魏★)、灰(恢诙★)、援(媛★援)、井(进阱)、番(翻潘★)、勺(灼★酌★)、云(酝耘★)、贸(贸铆★;留柳)、宴(宴堰★)、添(添舔)、拔(拔跋★)、欣(掀锨★)、姨(姨胰★)、丈 (仗杖★)、奏(揍凑)、率(摔蟀★)、列(烈裂)、居(剧锯★)、竟(境镜)、昏(婚涽★)、胃(谓猬★)、雷(擂★蕾)、郎(廊榔★)、乌(鸣★坞★)、豪(嚎★壕★)、蒙(檬★朦★)、即(唧★鲫★)、叉(杈★衩★)。

记号字:层局屡屏届居甚奇印即兔截乞介占先圣幸阿处节仅变类亲蛋登壹舍企仓余典兵仅价例似偶享允竞匹充器听占普显量者曾熊杰劳若英范节获苏答绝绩给服顽频叔圣权艰徽软庆康般声款吉壶队除酷异准截竟克叶希师吊帝币杂函盐番略

3. 第三阶段(共计 2007 字,852 字属于重现,280 字属于超纲)

亻(仆仗伦伪伊佑伯佣侍侦侣侨俏俭俘俊倚倦倔僚僵儒催仲佐★

伶★伺★侄★侠★俐★俺★偎★僧★傀★；仁伐仙伏佩；侈侮）、大（夯★）、女（娇妒奸娶妖婿姥嫂媳姻嫁婉媚妨姿姆妃★妮★妓★嫡★嫉★婶★嬉★娩★姚★娜★娟★娥★；娄★；婴嫩姜姊★）、男（甥舅）、口（叮叭叼吁呕呐吩哎呵咙咐哇哄哑哺哨哦唤喻喉喧嘲嘿嗝噪嚷唉啃唬嗓啸喇喘嗅唇叨★叽★吆★吱★吟★呛★呜★吭★咕★呻★咋★咏★吮★唠★咄★咧★咽哗★哆★咆★哮★哩★咪★唁★唧★啼★嘀★嘻★嘶★嘹★嚎★嚼★啪★啰★啄★喳★嗦★吾★喊★啥★嗡★；呜君吠★；哀吻哼嗽嗤★哟★唆★唾★嗜★吝★）、目（瞎瞬瞩瞪眨睁瞄★眷★眯★睫★睬★瞅★瞒★瞭★瞳★瞻★盹★）、手（拳攀掰★）、扌（托扒抚拎抖拟抹拢抒拘拄拦拌拧拱挎拣挠拴拯捞捂捆挫挽捣捧掩捷搏掀搅掘揍扛揽搁搂揉撕摊撒撼擅攒扯扼★扳★抡★擂★拂★拇★拭★拷★挟★拙★披★拗★捎★捍★捅★捺★捶★捻★搪★掂★掺★揩★揣★揪★搀★搔★撩★擒★揖★；抑；挪捏掐掠搓拽携抛撰★撵★撬★掷★撇★撮★）、心（愚怠恕悠惩感憋芯闷忌憨★）、忄（惰愣愧慎恒恭慨悼惕慷怯怖懈恼悦惭惧惦恍★恃★忱★怔★怡★憔★懊★憎★悖★悍★悯★惟★悴★惋★懦★愕★惶★；恤恬★）、日（昂旱旷晰昧★昭★晌★晾★暇★曙★；晃晶冥★；昔旭★）、月（朦★胧★）、火（焰灿灸煌熄炬烤烘炫燥炕★熔★煽★烙★焊★焕★燎★荧★灼★；沁★溺★；灶炊★；烛烁）、灬（熬烹★；熏羔★；熙★）、氵（汪沐泣汰沫沾泊泻泌沸沼泽浇洽浑涛浩浴涕浸涌淋涯淹淌渔淘涵澄滨瀑灌渗渣溃溅滋溉滤滥溜溢滩漆漂澈★涎★汛★沥★沛★沦★汹★沧★沪★沽★泞★洼★洛★洲★浙★涝★浦★涡★涣★涧★渲★澎★潭★漓★溶★漩★淤★涮★湘★渤★澳★湃★渝★滔★；涉；浊津涤淀渊滞沃渺溪泄滓★溯★漾★滚★漱★澜★沈★淮★淆★）、冫（凌凄凛★；冶凝）、木（柳框桂栖株桩梢桶棋杠杨枉梳棍棚槛橡朴橙橱寨枕枯柄栋柏槽★樱★樟★橄★檬★檐★檀★桅★楞★杈★枷★楣★椿★梭★杖★杉★椰★枫★栈★柑★桐★桦★梗★梧★柠★栓★棺★椰★椎★棕★楷★榄★槐★榆★榴★榨★榕★梆★；桑栅★梁★栗★；枢朽椒橘杏★桔★棱★椭★楔★榛★）、艹（芒芝芽芬苍芳芯芭苛茅荷萌萝莲萎艾菇蓬蓄薯藤蘑荒荡菊蔽葱蕴蕾芦★芙★芜★苇★芹★芥★茉★苑★苞★茎★苔★莉★菱★菲★莱★芋★菩★萍★菠★莎★葫★茵★荤★荫★荔★蒂★薇★藉★茁★荆★茴★荞★荠★芍★蒿★蔼★蔚★荚★蔫★葵★蒲★蓉★藻★蘸★藕★蔗★；茂蒜茸★茬★莩★蓖★苫★蕊★）、⺮（筛筒筋筝筐筹竿篷笼笛箕★簸★箩★箫★

篓★篑★簇★簿★笆★篱★笤★篙★笙★筏★；箍★篡★笋★）、纟（绸绅绑绵缆缔缚缝绣绒缴缕纹纺纽纱纤缉★缎★缭★缰★缤★绢★绚★绞★纫★纬★绊★绎★绷★；缀；绳缠）、糸（紊★絮★）、月（胀肪胎脂胳脖腕腹臂膊膀膝膨腊膏肋★肛★肘★胧★胰★脐★脓★脯★腋★膘★腥★胯★膛★臊★膳★腮★瘸★脏★；腔豚★；胚脉腻肾脊腺★臀★肴★）、页（颈颠颅★颊★；顷颓★嚣★；硕）耳（聋聆★；聂★耿★）、舌（舔）、言（譬誓；誊★）、讠（诀诫讶讼讽诈诱谎谜谱谴谨诵谣谬谭★谒★讥★讳★诡★诬★诅★谍★谤★谚★诲★诽★；谆★讹★）、辶（辽迄巡迪遥逢逝逗遏逾★迂★迭★迢★；逸；遣遂遮迈逆逮；）、足（躁趴踪蹦躏★趾★跋★跛★跷★跺★跤★踊★踱★蹄★蹋★蹂★蹭★蹬★）、走（趁赴陡）、彳（徐徊★徘★；役衍衔御）、田（畴畸佃★甸★畔★；畜；亩畦★）、禾（颖稼秩稀秆★秧★秸★秽★稠★穗★秕★秫★；酥★秉★；称稚黍★秤★）、米（粒粹粘糙糠★糯★籽★；粟★）、饣（饲饶馁馅馈馋★馍★馏★饵★；蚀★）、钅（钳锐锤钩钉铲链钞锈铭钙钧★钠★钾★铝★锌★锡★锰★钮★锣★钝★镶★锻镀★锯★镰★锚★镐★铆★锥★铛★铐★锄★镊★镣★铣★锉★锭★锨★镑★；衔；钓钥锹★铡★铸★；锦钦）、车（轴轿辐辖轧★轩★辗★辙★辕★；轰）、门（阀阁闸；闰★；闸）、宀（富寓宪宙寞宵宛★寝★；寡宰宦★寇★；寨蜜寂寥★）、广（廊庵★廓★庇★庐★；庞庙）、衣（裳★）、贝（贱赂赋贪赐赡★贻★赎★赃★；赘★；贬贿贤赊★贮★）、刂（剑创辨剃刑刨剔剖★刽★剿★刹★；删；剥）、舟（艘舱舷★舵★）、土（垦垮塌堤堡堪墟坟坠堕壤垄坝坑坪垢★垛★埂★埠★堰★墩★坎★坊★坷★塘★埃★壕★；墨尘灶墅；埋垫垒坛坯★坤★）、石（碑砖砂碳磁砍砸碌碟碘★矾★硅★砚★砰★硝★硫★碱★磅★碾★礁★磷★碉★硼★；岩泵★磊★碧★；砌磕砾★）、山（屿岭峡峻崖崛崩崎★巍★峭★峨★峦★巅★屹★岖★；岩岳仙岔★；嵌★）、阝（陡陵陶隧隋★隅★陕★陨★；陈陌陋隆隙隘★）、气（氨★氮★氯★氢★）、雨（雾霉霞霹★雳★雹★霄★；霍★；霜霎★）、礻（祀★祠★禅★禄★；祈）、酉（醇酝酬酵酿酣★酪★酌★；酥★）、疒（疫瘫瘾疲痒痕痪痴痊★痘★痢★瘩★痰★瘟★疹★癣★癞★瘤★疚★疮★疤★；癌瘸★疟★疙★瘪★痹★）、牛（牡犁★；牧犀★）、羊（羚★；羔★）、鱼（鲍★鲤★鲫★鲨★鲸★鳄★鳍★鳖★鳞★）、鸟（鸦鸭鹅鸳★鸵★鸯★鹃★鸠★鹦★鹏★；鸣；鹰鹤★鸿★鹊★莺★）、玉（琢玫瑰珑★琐★琉★珊★

玛★玲★琳★琅★；琼★瑞★瑙★；）、廾（弊）、穴（窍窄窑窜窝窿窃室★窖★窥★；窟窘★）、犬（伏莽★吠★）、犭（狭狡猾狸★猖★猛猩★猬★猿★狈★狐★狩★狰★；猎；狱）、隹（雄雌★雏★；雀霍★；雁★；锥★椎★）、马（驰驱骚腾驯★驹★驼★骆★骏★骇★；骤驮★驴★骡★）、囗（囤★；邑★）、阝（邦；鄙）、力（勃勋勉勘勒募；劣劫；夯★）、攵（敛★敷★；牧敝★；肇敌★）、鬼（魂魔魄魅；瑰傀★、愧魁傀★）、父（爹）、殳（殴；役）、戈（戳★贼；戎★）、彡（彰；彬；彭★彪★彤★）、巾（幢帆帐帖帜帕帷★幌★；帘佩）、皿（盏★盔★；盈）、羽（翅翔翼翠翎★）、辛（宰辟）、革（靶★鞍★鞠★）、弓（弧弦弛★；弘；躬★）、匚（匣★匾★；匿★；匠）、罒（置罩署；罗）、耕（耗耘★耙★；耕）、缶（缺缸罐）、累（螺骡）、尸（屠屁★；展屈履；尿屎★）、音（韵；暗黯★）、文（斌紊）、才（豺）、几（凳）、号（亏；考号巧）、卖（读牍赎）、黄（簧蟥）、危（脆）、平（砰★ 秤★）、先（宪；铣）、真（颠滇）、亥（骇）、那（哪娜★）、回（蛔茴；徊★）、楚（疏；胥）、会（绘；刽）、之（芝）、展（碾辗）、叚（霞暇）、冈（刚纲钢岗）、勾（沟构购钩）、夸（跨垮挎胯★）、廷（挺庭艇蜓★）、兰（栏烂拦）、枼（碟谍★蝶★）、畺（疆僵缰★）、邦（帮绑梆）、框（筐框眶★）、勃（脖勃渤★饽★）、辟（僻譬；劈★霹★；壁避臂璧★）、玄（弦炫舷★）、夌（凌陵菱★绫★）、兆（逃桃；跳挑）、苗（描瞄；猫锚★）、孝（哮★；教酵）、皆（谐；揩★楷★）、川（训顺驯★巡）、肖（消销宵削霄★硝★；悄俏峭★；稍哨梢）、圭（桂闺★硅★；挂卦；娃哇★洼★蛙★、街鞋）、乔（桥侨荞★；骄轿娇矫★）、夋（俊竣骏★峻；唆★梭★）、屈（倔掘崛）、朱（珠株蛛★；殊）、奄（掩淹；庵★俺★）、旬（询殉★）、尼（泥妮★）、君（群裙；窘★）、丁（订盯钉叮顶；厅亭）、勿（物）、乞（讫）、卑（碑；啤脾）、卓（掉悼；罩绰★）、垂（捶★锤；睡）、昔（惜耤★；腊蜡）、错（措）、匀（韵；均钧★）、斩（暂崭）、剖（赔陪培倍；剖）、尤（沈★枕忱★）、颤（檀★颤擅）、滋（滋；慈磁）、妖（妖袄）、缴（缴邀）、荧（荧★莺★营莹）、顷（倾；颖）、喷（喷；愤）、册（删；栅★）、亦（奕★；迹）、昆（棍；混）、谨（勤；谨）、尊（遵；蹲）、戒（诫；械）、益（溢；隘★）、敬（警；擎★）、赖（懒；癞）、串（窜；

患)、矛（茅)、肺（沛★肺)、呈（程逞)、塌（塌蹋★)、畏（喂偎★)、柔（揉蹂★)、荒（慌谎)、丙（病柄)、奴（努怒)、伐（阀筏★)、胚（胚柸★)、崖（涯崖)、灌（灌罐)、衫（衫杉★)、捷（捷睫★)、拯（蒸拯)、艮（限艰)、腾（腾滕★)、锁（锁琐★)、漆（漆膝)、骚（骚搔★)、琢（琢啄★)、菊（菊鞠★)、斯（撕嘶★)、旨（指脂)、扎（扎轧★)、尺（迟)、兵（宾)、乎（呼)、阿（啊)、贯（惯)、库（裤)、冒（帽)、尝（偿)、虚（墟)、厉（励)、妻（凄)、磨（蘑)、岛（捣)、隐（瘾)、虑（滤)、赞（攒)、巧（窍)、董（懂)、遣（谴)、桑（嗓)、亭（停)、函（涵)、芒（茫)、阁（搁)、刑（型)、疏（蔬)、萧（潇)、贞（侦)、遂（隧)、眉（媚)、丐（钙)、匆（葱)、婴（樱★鹦★)、奥（澳★懊★)、伏（茯★袱★)、或（惑★)、典（碘★)、左（佐★)、堂（膛★)、晃（幌★)、在（茬★)、面（缅★)、科（蝌★)、念（捻★)、引（蚓★)、旋（漩★)、竞（兢★)、允（吮★)、禁（襟★)、侵（寝★)、扇（煽★)、丘（蚯★)、柬（谏★)、卦（褂★)、禽（擒★)、翁（嗡★)、旱（捍★)、卵（孵★)、辱（褥★)、多（哆★)。

姓氏：孟陈邓★赵★刘★邢★韩★郭★吕★蔡★薛★葛★蒋★董穆★秦★袁★魏★姚★。

记号字：巫燕旨昆鲁荐莫聘耽叙叠凤秃粪舆鹿壳霸邪郁皇皂凿乖凯袭稽横耽

超纲字如果是记号字，且单独出现，无规律、无系列成员可循，则不会在此教学阶段专门列出，如“尬岂豁乾寅庚卉卤庶煞萨蔑茧侯亢咒”。部分表音规律的3级、超纲形声字在第二阶段已经出现，这里再次在义符为纲的集中识字中重现。“★”为超纲字，“斜体+下划线”为记号字。

第六章　对外汉字（汉语）教材设计

综观现行的汉字教材大致可以分为两种（或者说是在两个学习阶段中分别使用）：一种是供初学者使用，以书写教学为主。这种设计在认识上是把汉字完全作为语言单位的书写符号来看待的，在这样的认识和教学背后，是套用母语教学模式的显现；另一种是供二年级以上的学生选修的汉字课程，以讲授汉字知识为主。内容常见的有汉字的发展演变、汉字的结构分析等，这种设计中，汉字认知的重要环节没有得到充分重视。直到 2014 年《中国字认知》（万业馨著）出版，明显突出本体研究和教学研究的成果转换，将汉字教学的内容立足于对学过内容①的梳理，通过练习追求学习者从认识个体到认识群体，到对汉字符号体系、汉字与汉语关系有初步的总体把握。为此，我们希望可以借鉴这一模式，进一步尝试对 3000 多现代常用汉字的教学设计出一套适合的教材。

第一节　总体安排

该套教材计划分为上（第一阶段）、中（第二阶段）、下（第三阶段）三册。上册教材遵循第一阶段汉字教学与口语学习同步的原则，在教学内容设计上，围绕话题，使用阶段范围内的汉字，展开听说读写综合技能的培养与训练，适应于零起点外国学习者的汉语学习。中册教材和下册教材的设计，旨在实现听说教学向读写教学

---

①《认知》一书以《中国话》上册 941 个词语和《认知》所含 244 个词语以及《中国字书写》247 个汉字和《认知》296 个汉字作为学习、设计的基础。

的过渡，教材中以“汉字”和“词汇”为纲的集中设计，是为了配合中、高级阶段阅读与写作课程的教学，以促成中、高级阶段学习者系统知识的形成和自学能力的提高。

根据上一节阶段内容的划分，三册教材中的汉字分布情况为：上册 751 字，包括基础字 293 个、扩展字 458 个；中册 1644 字（删除 636 个重现字），包括基础字 568 个、扩展字 1712 个，其中 287 字属于超纲字；下册 1155 字（删除 852 个重现字），392 个基础字、1615 个扩展字，其中，287 字属于超纲字。因部分超纲字未选入教学阶段范围内，所以三册教材包括的汉字共计 3550 字，而不是研究范围内的 3602 字。

参考《发展汉语》综合教材和口语教材生词数量以及《汉字速成课本》《中国字认知》等汉字教材的汉字数量，根据初、中、高三个阶段的不同接收能力，初步将三册教材每课汉字输入上限标准设定为 40、65 和 60。上册围绕话题展开分为 19 课，中册根据义符的义类和声符的读音分为 25 课，下册按义类为组学习剩余汉字，以借助字典、词典自学及阅读为主，分为 20 课。教材中的文本排版，尤其是中册和下册，通过颜色突出，区分不同类别汉字及功能，如基础字蓝色、表声字符绿色，表义字符红色，记号字紫色；区分认读和书写、领会和复用，对于有书写、复用要求的使用不同字体标出，如黑体。

教材使用建议，上册建议用于课堂教学，课堂教学的设计时间为 2—4 学时一课，平均每学时 10—15 个生字；中册可用于课堂教学，也可用于自学，课堂教学的设计时间为 3—4 学时一课，平均每学时 25—40 个生字；下册可用于课堂教学，也可用于自学，课堂教学的设计时间为 3—4 学时一课，平均每学时 25—40 个生字。每课的生字并不都是出现在正文教学中，也会分布在练习和扩充部分，每课由自由的板块组成，使用者可以根据教学时间、对象水平任意选择适合的内容量。

第二节　上册教材内容纲要

根据阶段内容的划分，上册共收入 751 字，按义类可分为“数量、时间、身体、方位、人物称谓、动物、植物、自然、颜色、食品、用具家居、常用动词、形容词、副词、代词、连词、语气词”等 24 组。这 24 组字根据不同话题，即“自我介绍、数量、时间、家庭、身体、运动、学校、交通、问路、购物、去超市、医院、饭店、聚会、租房、网络聊天、旅游、自然、动植物”，设计为 19 课。第 1 课包括“生字、正文、语法点和常用字词释例”；第 2 课增加“书写”和“扩展”；第 3 课增加“认知”，第 3—8 课包括“生字、正文、语法点、常用字词释例、书写、认知、扩展”；第 9 课开始设有专门的书写讲解，第 9—19 课包括“生字、正文、语法点、常用字词释例、认知、扩展”。部分课文包括“注释”。

文中标下划线的字为第一阶段包括的汉字，主要分布在“生字”部分，个别出现其他部分。“生字”部分主要为可以独立成词的汉字。“正文”部分主要参考北京语言大学听说教材中的相关内容以及考虑与中、下册内容的衔接进行的编写。“语法点”部分依据《新 HSK 汉语水平考试大纲》中初级语法（1—3 级）句式［动词谓语句、“是”字句、“有”字句、用“吗吧呢”的一般疑问句、形容词谓语句、名词谓语句、否定句；请求祈使句；感叹句、用疑问代词的特殊疑问句、所属关系的表达、“在”字句、意愿的表达、距离的表达、引进空间方位作状语、事件正在进行的表达、助词“着、了”的用法、比较句、双宾语句、连动句、选择疑问句、正反疑问句］等。“常用字词”部分主要是对重要的字与词的解释和举例，通过举例让学生体会字词关系以及字的组词能力、字在组词中的位置。“书写”部分主要包括笔画、笔顺、外部结构。“认知”部分重在梳理出义符和个别声符，以及剖析出少数会意字和规则形声字。“扩展”部分是对上述部分的补充，包括义符的再次示例、与上下课文相关的其他字词等。

教材在字词安排上，始终注重重复率以及常用度，希望学习者可以在反复认读使用中熟悉字形，在每课的书写认知中了解记忆汉字，并系统记忆由字组成的词。据此，上册教材的基本内容设计如下：

第一课 自我介绍

生字：［我你好是人叫一个月手国］

正文：

你好，我是美国人，我来中国一个月。我的中国名字叫王汉文，我喜欢中国茶和中国菜，我喜欢朋友。我的手机号码是13662079697。

语法点："是"字句；领属关系

常用字词：人（中国人、美国人）

手（手机、手表）

国（中国、美国）

名字、喜欢、朋友、号码

第二课 数量

生字：［两三四五六七八九十百千万元有来几多少］

正文：

你们来中国几个月了？我三个月，他四个月，她五个月。

几点上课？八点到十点。

这儿有多少人？九百多人。

手机多少钱？有两千的、六千的，还有七千的。

一年学费多少钱？一万多元。

语法点："有"字句；疑问句

常用字词：上课、手机、钱、到

书写：基础笔画

笔顺1：先撇后捺（人、八）

先横后竖（十）

扩展：　“二”和“两”

量词——个元

注释： 学费

第三课 时间

生字：［年季春夏秋冬星期周日天号早午晚夜昨今明点有不就才到］

正文：

一年有四个季节，春夏秋冬，我喜欢春季。

一个星期有七天，星期一到星期五上课，星期六和星期天休息。

周一到周五，我早上六点半起床，中午十二点吃饭，晚上十点就睡觉。周末晚一点儿，夜里十二点多才睡觉。

昨天十月九日（号）星期五，今天、明天不上课，休息。

语法点：　“有”字句；名词谓语句；否定句；“才”“就”的用法

常用字词： 日（星期日、周日）

号（–号、号码）

点（–点、一点儿）

季（–季、季节）

周末、早上、中午、晚上

书写： 派生笔画 1

笔顺 2：从上到下：三

从左到右：明

结构 1 （左右）：明＝日＋月

认知： 早（晨）春时间明昨——日

扩展： 季秋—禾

初（月初、年初）

第四课 家庭

生字：［口男女爸爷妈奶姐妹哥弟士大小高低老她他们俩比都和去］

正文：

我家七口人，爷爷、奶奶、爸爸、妈妈、姐姐、妹妹和我，我没有哥哥和弟弟。我们家男士少，女士多。

周末休息，早上，爸爸跑步，妈妈唱歌，爷爷和奶奶去老年大学上课。

姐姐 28 岁，我 20 岁。姐姐比我大八岁，姐夫比我大两岁，他们有一个儿子。妹妹比我小一岁，是学生。她俩个子高，我个子低。姐姐喜欢看书，妹妹喜欢玩手机，我喜欢睡觉。

语法点：名词谓语句；动词谓语句；比较句

常用字词：个（个、个子）

子（子女、儿子、个子）

士（男士、女士）

女（女士、女生）

休息、看书、睡觉、手机

书写：派生笔画 2

笔顺 3：先外后里（周、两）

结构 2：（左右）好＝女＋子

认知：爸爷—父、

奶妈姐妹她—女

休们俩他—亻

扩展：矮短—矢

孩孙—子

姓妻—女

亲（父亲、母亲）

夫（姐夫、丈夫）

第五课 身体

生字：[头毛目耳口舌牙手足心肚胃肩胖肥急忘拿问告不着也了李]

正文：

今天我学习了“头、目、耳、口、舌、牙、手、足、心、肩、胃、肚、毛”，李老师告诉我们，它们都有自己的工作，比如，“口”——吃饭、喝茶、唱歌、叫、问、告；“足”——跑步、跳高；“目”——看书、睡觉；“心”——想、忘、急；“手”——拿。

他肚子大，胃口好，吃饭多，不喜欢跑步，也不喜欢走路。现在，他越来越胖，想减肥了。

她早上起晚了，急着去学校，忘拿手机了。

语法点：否定句；助词“着、了”的用法；“越来越”的用法

常用字词：晚（晚上；v.+晚）

老（老、老年；老师）

吃饭、喝茶、唱歌、跑步、现在、工作

书写：派生笔画 3

笔顺 4：先外后里再封口（目）

结构 3：（左右、上下、半包围）们＝亻＋门　　两＝亻＋两

早＝日＋十　　舌＝千＋口

看＝手＋目　　起＝走＋己

认知：吃喝唱叫问告—口

肚胃肩—月

跑跳—足

想忘急—心

扩展：心—忍念

身—躺躲

目—眼泪眉

尸—尾

自—鼻

盲＝亡＋目　　忘＝亡＋心

注释：减肥、亡

第六课 运动

生字：［冷浅深流汗打球玩次区园或会在气感觉平每很但呢］

正文：

汉文，你平时喜欢什么运动？

天气热的时候，我喜欢游泳。天气冷的时候，我喜欢在体育馆打球，比如篮球或网球。天气不冷不热的时候，我喜欢在校园跑步。你呢？

我不会游泳，每次和朋友一起去玩，我都在浅水区，不去深水区。我比较喜欢跑步和跳高，每次都会流很多汗，但感觉很舒服。

语法点：用“呢”的疑问句；引进空间方位作状语；“但”的用法

常用字词：每（每次、每天、每年）

很（很冷、很热、很浅、很深）

区（浅水区、深水区）

天（一天；天气）

什么、运动、大概、比较、平时、时候

书写：派生笔画 4

笔顺 5：从中间后两边（水）

结构 4：（左右、上下、半包围、包围）

什＝亻＋十　　如＝女＋口

感＝咸＋心　　区＝匚＋乂

园＝口＋元

认知：园国—口

浅深汗泪流—氵

扩展：“巨、很”；“和、或”

氵—满

冫—冷、冻

口—困

区（吸烟区、无烟区）

注释：体育、抽烟

第七课 学校

生字：［校班课学生说话讲读写习语文汉字词难易教放练常的］

正文：

我们学校在中华路，从火车站到学校，打车大约二十分钟左右。我们班有十多个外国学生，都是来学习汉语的。上课时，老师教我们读课文、写汉字。下课后，老师组织我们和中国学生一起讨论学习。他们说话比较慢，常常会讲一些中国文化，或放一些中国短片。有的比较容易，有的比较难。难的字词，他们会说英语。这样，我们可以练习汉语，他们也可以练习英语，我们合作得很开心。

语法点：距离的表达；所属关系的表达；双宾语句、“的”的用法

常用字词：学（学、学习；学校、学生、学长、学弟）

语（汉语、英语；语言、语文）

课（上课、下课；课间、课文）

文（文化、文字；语文、课文）

生（学生、男生、女生）

放（放；放短片、放电影）

习（学习、练习）

汉（汉语、汉字）

讨论、组织、合作、可以、短片、大约、容易

书写：派生笔画 5

笔顺补充规则 1

结构 5：左右（上下）、左右（上中下）、左中右

语＝讠＋（五＋口）

慢＝忄＋（日＋罒＋又）　　　　班＝王＋刂＋王

认知：练组织—纟

说话语讨论读课—讠

扩展：量词“句、段”

注释：电影

第八课 交通

生字：［请这那哪什么太只路站公交出租车辆飞机远近坐换］

正文：

请问，公交车站在哪儿？坐几路车可以去火车站？在哪一站下车？在哪一站换车？

公交车站太远了，附近有去火车站的地铁吗？坐几号线可以去火车站？

学校门口有很多出租车，这儿没有出租车，你可以自己在网上约一辆车。

（约车中）您好，我要去火车站，您大约几分钟可以来，我在中华路等您。

我要回国，朋友说可以在网上买票，但回韩国的船票已经卖完了，只能买飞机票了。

语法点：请求祈使句；连动句；引进状语

常用字词：请（请问、请坐、请说）

下（下车、下课；-下）

上（上车、上课；-上）

车（出租车、公交车、快车；约车、叫车、打车）

口（口；路口、门口；胃口）

路（道路、走路；几路车）

号（号；几号线）

近（近、附近）

自己、网上、票、大约、韩国

书写：笔顺补充规则 2

结构 6：上（左右）下、特殊

您＝你＋心　　坐＝人＋土＋人

认知：您（想忘急忍念感）—心

请谢（说话语讨论读课）—讠

远近—辶

打换—扌

路踩—足

辆—车

远园—元

扩展： 船航—舟

吗妈—马

辆＝车＋两

注释： 地铁

第九课　问路

生字：［来去回出过由从向往道前后左右西旁边中再直］

正文：

A：请问，最近的医院在哪儿，怎么走？

B：最近的医院在中华道。如果坐公交车，从这儿出去，一直走，然后往左拐，右手边就是公交站，坐 50 路，来回大概需要半个多小时。

A：下车后，往哪边走呢？

B：下车后，你往西走，看见一个超市，再往前走两百米，经过一个十字路口，就到医院了。

A：那儿附近有地铁吗？

B：好像有一个 3 号线地铁站，就在超市旁边，也就是超市和医院的中间。怎么了，你不舒服吗？

A：我这两天在减肥，没有好好吃饭，今天胃口疼，想去看看。

语法点： 用疑问代词的特殊疑问句；否定句；主谓句

常用字词： 往／向（往／向前、往／向后、往／向东、往／向西）

边（左边、右边、前边、后边、外边、里边、旁边）

这（这儿、这里、这边）

那（那儿、那里、那边）

哪（哪儿、哪里、哪边）

中（中间；V.+中）

间（中间；时间、课间；间）

后（后边；V.+后）

一直、医院、需要、没有、看见

认知：近道边过—辶

哪呢吗（吃喝唱叫问告）—口

线（练组织）—纟

扩展：好＝女＋子

东南北

注释：好像、如果

第十课 购物

生字：［买卖店品贵内黑白红无坏能想要还种台共］

正文：

A：请问，哪里有卖电子产品的商店？

B：医院后边有一家，你可以去看看。

（在商店）

A：您好，我想买电脑和手机，您这儿都有哪些，多少钱，我想看看。

B：这台电脑不错，今年的新产品，八千多。

A：太贵了，打折吗？

B：您想要什么价位的？

A：有再便宜一点儿的吗？电脑大概四千左右的，手机大概一千左右的。

B：您看这两种可以吗？

A：我不喜欢黑色，还有其他颜色的吗？比如白色或红色。

（付钱）

B：一共五千八百元，我们还可以赠您一个电脑包。

A：可以刷卡吗？

B：对不起，今天POS机坏了，只能用现金支付，或者您也可以上我们官网购买。

A：如果有问题，可以退换吗？

B：当然，只要在七天内，都可以无理由退货。

A：好的，明白了，谢谢你。

B：不客气。

语法点：意愿的表达；假设问句

常用字词：上（上边、N.＋上；上车、上山；上课、上班；上网）

内（七天内；国内）

打（打；打球；打车；打电话；打折）

位（座位、价位）

电（电子、电脑、电话、电扇）、

品（产品、食品、物品）

当然、现金、刷卡、便宜、颜色、其他、大概、一共

认知：退进—辶

贵货购赠—贝

钱—金（钅）

扩展：贝—赛赔财贫败赢

玉—珍珠玻璃宝

颜色：绿黄青灰

注释：官网

第十一课 去超市

生字：［生食品茶瓜果肉菜牛奶豆纸线刀剪切煎煮炒忙全方家给］

正文：

A：老师，离咱们学校最近的超市在哪儿，远吗？

B：最近的一家超市，走路过去需要半个小时。

A：哦，有点儿远。

B：学校附近有一家 24 小时便利店，全天营业，很方便，有简单的生活用品和食品，比如茶、瓜果、肉、菜、牛奶、豆奶什么的。

A：谢谢老师，我想买上课用的文具，比如笔、纸，还有生活用

品，比如毛巾、盘子、剪刀、线什么的。对了，我还想买一盒鸡蛋。

B: 你要自己做饭吗?

A: 我住的地方有厨房，不忙的时候，我会自己煮面、炒菜或者煎蛋。

B: 是吗，下次有时间，你给我们大家也做一顿美食?

A: 好啊，我请老师和大家来做客。(哈哈)

语法点： 定语；兼语句；举例的表达

常用字词： 生（男生、女生；生活）

品（食品、生活用品、学习用品、体育用品）

店（商店、便利店、饭店、酒店）

全（全天；全家、全班、全校、全院）

家（家、家人；一家超市；大家）

做（做饭、做客）

奶（奶奶；牛奶、豆奶）

离、最、营业、简单、比如、鸡蛋、顿

认知： 菜茶—艹

盘盒—皿

炒煮煎—灬（火）

纸线—纟

剪切—刀

做住—亻

盒＝合＋皿

剪＝前＋刀

煎＝前＋灬

扩展： 皿—盖盆

灬（火）—炸灯烧照

巾—布

刀—刃

第十二课　医院

生字：［病痛疼死次感觉拉拍服吧又先知观］

正文：

A: 大夫，我好像生病了，全身感觉不舒服，难受死了。

B: 你上个月来看过病吧？当时发烧、拉肚子，怎么现在又不舒服了。

A: 我也不知道啊，我今天感觉肚子痛、牙痛、头也痛，昨天打球脚还受伤了，一走路就疼。

B: 你先去拍个 X 光片，检查一下，然后拿片子过来，我看一下。

（检查后）

B: 我给你开了三种药，你先吃几天药观察一下。

A: 这些药是饭前吃还是饭后吃？

B: 分别是饭前服用，饭后服用和饭间服用，都是一天两次，一次一片，记住了吗？

A: 饭前或饭后多长时间吃呢？

B: 半小时内就可以。

A: 知道了，谢谢您，大夫。

语法点：“吧”的用法；补语；选择疑问句

常用字词：生（男生、女生；生活；生病、生气）
开（开电视、开手机；开药、开证明）
片（片；短片、X 光片）
分（分钟；分别、分）
夫（丈夫、大夫）
过（经过；v.+过）
死（adj.＋死了；死）
检查、服用、当时、然后、分别、知道

认知：病疼痛—疒
吧啊（哪呢吗吃喝唱叫问告）—口

拉拍抱（打换）—扌

感（忍念感想忘急您）—心

药（菜茶）—艹

观—见

腿（肚胃肩）—月

扩展：月—脚脸脑肌肤

肌＝月＋几　　肤＝月＋夫

早日康复

注释：观察

第十三课　饭店

生字：［米包酒汤饭饺饱饿馆叉勺碗饮甜美鲜尝员香主份］

正文：

A：我饿了，咱们去吃饭吧？

B：好啊，吃中餐还是西餐呢？

A：昨天吃过西餐了，我听说有家中餐馆不错，我们去尝尝吧？

（在饭店）

A：服务员，把菜单拿来，我们要点菜。

B：这菜单上的菜，看着都很美味啊。你想吃？

A：我想吃海鲜。

B：我们的鱼又鲜又香，您可以尝尝。

A：好的，要一条鱼吧，你们的主食都有什么？

B：主食有米饭、包子、饺子和面条。

A：要一碗米饭、一碗面条，你还喝酒吗？

B：不喝了，下午还有课，点一份鸡蛋汤吧。

A：好，一份鸡蛋汤，一瓶饮料。

（吃饭中）

A：服务员，给我们拿两个勺子和两个叉子。

B：又不是吃西餐，要叉子干什么？

A：习惯了。

（吃饭后）

A: 吃得太饱了，实在吃不下了，我们要个盒子打包吧。

B: 我来买单，这次我请客。

A: 好，谢谢，下次我请你喝咖啡，吃甜点。

语法点：“呢”的用法；“又”的用法；选择疑问句

常用字词：点（点菜、点歌、点名；甜点）

打（打球；打车；打包、打饭）

员（服务员、售货员、乘务员）

米（三百米；米饭）

馆（饭馆、图书馆、咖啡馆）

食（食物、食品；美食、主食）

中餐、西餐、实在、请客、买单

认知：酒汤（浅深汗泪流满）—氵

饭饺饱饿馆—饣

喝咖啡（吧啊哪呢吗吃喝唱叫问告）—口

家客—宀

鲜美—羊

饭＝饣＋反　　饺＝饣＋交　　饱＝饣＋包

份＝亻＋分

扩展：羊—善

量词：豌瓶份场寸尺册

第十四课 聚会

生字：［祝福加礼物应该办备支串双瓶座空窄没］

正文：

A: 汉文，星期五晚上你有空吗？你去不去参加爱丽的聚会？

B: 我当然会去，她请了很多朋友，应该很有意思。

A: 对，她性格好，大家都喜欢和她交朋友。你打算带什么东西呢？

B: 我给她准备了一份生日礼物，并且我会带一瓶酒过去。你们打算送什么呢?

A: 小王买了一支笔，小李打算送一双手套。我星期五先要带朋友去办护照，然后晚上去拜访一位老师，所以可能没有时间去参加聚会。不过，我打算订一束花，作为生日祝福，送给她。

B: 很好的礼物啊。那你知道聚会是在宿舍还是在饭店吗?

A: 宿舍又窄又小，听说是在一座大厦的大厅里。

B: 那太好了！我和小李买了很多气球，我们想在聚会的地方挂一串气球，上面写上“生日快乐”四个字。

A: 好主意啊！爱丽一定会很开心的。

语法点：感叹句、正反疑问句、否定句

常用字词：空（空；有空）

位（座位、价位；位）

办（办护照、办公、办事）

会（会；聚会、晚会）

店（饭店、酒店、咖啡店）

球（足球、气球；打球）

交（交朋友；交通）

并且、拜访、有意思、开心、不过、主意、所以

认知：祝福礼—礻

笔算—⺮

厦厅—厂

店座—广

空窄—穴

花（菜茶药）—艹

护挂拜拿（拉拍抱打换）—扌（手）

访（请谢说话语讨论读课）—讠

扩展：厂—厕厨

访＝讠＋方　　请＝讠＋青

抱＝扌＋包　　护＝扌＋户

第十六课 租房

生字：［筷篮箱布门床椅桌柜窗房新老旧真假具虽但差干］

正文：

A：你在干什么？

B：我在看租房信息。我现在住的房子太小了，我想租一间大点儿的。

A：那你房间里的家具怎么办呢？

B：床、桌椅、柜子都是房东的，那些家具又老又旧，而且一到冬天，风就会从窗户边儿吹进来。我自己买的东西不多，只有窗帘、箱子，还有厨具筷子什么的。

A：你现在的房子租金贵吗？

B：不太贵，一年一共1万1，一个月差不多1000块钱。

A：真的假的？这么便宜啊，在什么地方？

B：在车站旁边的一个小区里。

A：那很方便啊。

B：虽说方便，但晚上很吵，而且小区里有很多垃圾，没人打扫。所以，这次我想找一个在学校附近，干净又安静的房子。

语法点：事件正在进行的表达、转折意思的表达、因果关系的表达

常用字词：具（文具、厨具、家具）

金（现金、租金；金钱）

区（深水区、无烟区；小区）

便（方便、便利；便宜）

东（东；房东；东西）

干（干；干净）

而且、差不多、小区、安静、垃圾

认知：筷箱（笔算）—⺮

垃圾—土

床椅桌柜—木

房扇扁—户

找扫（护挂拜拿拉拍抱打换）—扌

安（家客）—宀

吹吵（吧啊哪呢吗吃喝唱叫问告喝咖啡）—口

扩展：木—板杆

⺮—篮

杆=木+干　　房=户+方

第十六课 网络聊天

生字：［总信地址对反正取发情收更跟把笑哭弄］

正文：

A：汉文，你拿着手机忙什么呢？

B：我在给朋友回短信，他要来取东西，我把住址发给他。

A：你为什么不用微信呢？

B：微信？

A：对啊，用微信更方便，给他发一个共享地址，他看着地图就可以过来了。

B：我手机没有微信，你现在有时间吗，方便教我怎么弄吗？

A：好，反正我现在没事，我教你。你先打开手机商店，下载一个微信软件。

（一边看手机一边说）

A：打开手机商店……，手机的网速太慢了。

B：你可以用这里的无线啊，密码是12345678。

A：谢谢。下载完了，然后呢？

B：你“搜索”我的手机号，然后点“添加”。现在我们是微信好友了，我给你发一个地址，你看一下。

A：收到了，太方便了。

B：这里还有一些非常有趣的表情，你看有“笑脸”，还有“哭脸”。

A：真有意思，以后我也用微信跟大家聊天，谢谢你了。

B：不用谢。

语法点：　“把”字句；疑问句；双宾语句；正在进行的表达

常用字词： 件（件；邮件、信件；软件）

点（点；点菜、点名、点歌）

发（毛发、头发；发、发短信、发微信、发邮件）

回（回家、回短信；来回）

信（信；短信、微信）

共（一共；共享、共用、共进晚餐）

有（有；有趣、有意思）

码（号码、密码）

地（地图、地址）

址（地址、住址）

非常、下载、软件、网速、无线、表情、反正

认知： 搜（拉拍抱打换找扫护挂拜拿）—扌

地址（垃圾）—土

忙性情—忄

收教放—攵

意思（您想忘急忍念感）—心

情＝忄＋青　　住＝亻＋主

取＝耳＋又　　趣＝走＋取

扩展： 忄—快慢

攵—改数攻

弄球—王（玉）

注释： 搜索、添加

第十七课　旅游

生字：［庄寺市区刻画划裤衬衫袜可能怕爬采别穿另］

正文：

A：我跟公司请假了，下周我们可以出去玩两天。

B：好啊，市区的景点就不考虑了，去远一点儿的寺庙、园林或者酒庄怎么样？

A: 我想找个安静的地方看海、划船或者爬山、画画。

B: 那就去爬山吧，顺便采一些花朵做标本。

A: 好啊，这两天可以准备一下出门的东西。衬衫就不要带了，带上几条换洗的裤子和袜子，带上常用的药，小心拉肚子什么的。另外，别忘了穿上舒服的鞋，不然脚会疼。其他东西可以到那里的24小时便利店再买。

B: 这么多事，看来我得拿个本子写下来，弄个旅游计划。

A: 你的新手机号开通4G了吗，我怕山里可能没有无线。还有，你休息的时候，上网找一家离机场近的酒店，提前预订一间吧。

B: 好的，我知道了。

语法点：概数的用法；祈使句；连动句

常用字词：公（公物、公事、公交；公司）

通（通；交通、开通）

子（子女；儿子、个子、包子、饺子、盘子、筷子、裤子）

点（点；点菜、点名；景点、看点、地点）

划（划、划船；计划）

区（深水区、无烟区、小区、市区、山区）

画（画；刻画、画画）

另（另外、另一个）

公司、可能、请假、顺便、旅游、不然、提前、预订

认知：爬采—爫（爪）

裤衬衫袜—衤（衣）

怕恨（忙性情）—忄

庄庙—广

划找—（戈）

划刻—刂

采＝爫＋木　划＝戈＋刂　亻＋木＝休

扩展：广—府

衤—袖补

刂—刮割剧

注释：考虑、标本

第十八课 自然

生字：［土火石山雨雷水冰温泉沙河风光阳星云及建设力止田］

正文：

A: 你在干什么？

B: 我在看纪录片“大自然”。

A: 好看吗，都介绍什么了？

B: 上次介绍土、火、山、石、田，这次讲风、雨、雷、电、云、太阳及星星，下次预告要介绍河流、冰山、沙漠和温泉。

B: 沙漠？我一直想去沙漠看一看，我想知道，在那个没有充足水分的地方，各种植物是怎样生存下来的。

A: 是啊，大自然很神奇，充满了很多未知。但大自然也很友好，给我们提供了非常重要的养分，比如雨水和阳光。现在，有了新科技，人们借助大自然有了很多发明，比如世界各地太阳能发电站的建设。

B: 所以说，大自然对我们很重要，我们得花更多的精力去保护它、爱护它，禁止人们对它的各种破坏。

语法点：定语；状语

常用字词：得（得 1、得 2）

要（要；重要、主要）

各（各种、各个、各自、各地）

片（片；X 光片、短片、纪录片、影片）

分（水分、养分、成分）

预（预订、预告、预习）

未（未、未知）

提供、充足、发明、生存、神奇、科技

认知：冰冷冻—冫

温沙河漠泉冰（酒汤浅深汗泪流满）—氵（水）

提技（拉拍抱打换找扫护挂拜拿搜）—扌

神（祝福礼）— 礻

雷 — 雨

破 — 石

冻＝冫＋东　供＝亻＋共　植＝木＋直

扩展：

山 — 岗峰

石 — 矿碎

雨 — 雪雾

注释：精力

第十九课　动植物

生字：［马牛羊猪狗猫鱼鸡鸟虫植物解木林树花草棵强某古］

正文：

A: 老师，我想请教您一个问题？

B: 好啊，你想了解什么？

A: 中国古人是不是特别喜欢动物呢？您告诉我们，汉字有几千年的历史了，那么古人在最早造字的时候，应该是特别喜欢动物吧。您看，我们学过的汉字，“美、鲜、群”里都有“羊”，“物、特”都有“牛”，“闯、骑”都有“马”，“鸡、鸭、鹅”都有“鸟”，“猪”和“狗”左边都是“犭（犬）”。

B: 你的观察能力很强啊，类似的还有“鱼、虫”，比如生活在水里像鱼一样的动物“鲤鲫鲨鲸鳄”，这几个字中都有“鱼”；“蚂蚁、蜜蜂”4 个汉字中都有昆虫的“虫”。还有某些植物，比如 “树、林、棵”三个字中都有“木”，“草”和“花”两个字的上边都是“艹”。

A: 老师，汉字太有意思了。

B: 哈哈，等你学习的汉字越来越多，你就会发现更多有趣的内容。

语法点：“那么”的用法、状语

常用字词：物（动物、植物、货物）

力（能力、人力、物力、精力）
造（造字、造船、造纸）
某（某些、某个、某位）
止（禁止、停止）
发（发生、发烧；发现）
历史、观察、请教、了解、类似、内容

认知： 物特—牛
猪狗猫—犭
闯骑—马
树棵植（床椅桌柜板杆）—木
鸡鸭鹅—鸟
强—弓
址＝土＋止

扩展： 弓—弱弯张弹

注释： 犬、蚂蚁、蜜蜂

第三节　中册和下册教材设计

中册和下册教材主要包括“正文、书写、练习、扩展”四部分。在正文部分，对于具有表义功能的基础字，以词为系统，通过词语整体认知、体会汉字意义。同时以这一系列基础字为纲，展示所构成的扩展字，从中看出汉字构意的义类；对于具有表音功能的基础字，以声符字为纲，将扩展字成系列出现，对于超纲字用符号标出，学生在接触此类汉字时，依旧在词汇中先认读整字，然后激活已学义符的记忆，在集中认字中观察同声符字的整字读音，特别是不同义符的区别作用。如当“牙（讶芽呀鸦雅）、两（辆俩）、慢（慢漫蔓幔*鳗*墁*谩*）、换（换焕*唤涣*痪）”成系列出现，“牙两慢换”是上册汉字，属于旧知，可用于推测该组汉字发音情况，每组字中的不同部件成为认读焦点，由此义符知识也被激活，相关表义成分“讠、艹、口、隹、车、亻、忄、氵、巾、鱼、土”被唤出，一组新字的辨别认读就此完成。这种习得途径亦适用于超纲字，便于降低超纲字的记忆难度，消除部分畏惧心理。

此方法，2006 年在天津中医药大学的非汉字圈留学生班的独立汉字课中有过使用，实际测试数据以及采访结果证明这种方法是比较有效的。相类似的还有“们问闷闻”“份氛芬粉纷”“住拄注驻柱炷”“伴拌绊判叛畔”“伦论轮抡沦”“拉垃”“牲胜笙甥性姓星”“仲忠钟肿”“供拱恭哄洪烘”“鹏棚硼绷”“桐铜筒洞”“厢湘想箱”“裸课棵颗”“惊景凉谅晾”“茵姻咽烟”“场杨扬肠汤”“经颈茎轻氢劲”“架伽驾枷”“资姿咨”“请清情晴靖精睛”“他她”“霉梅；诲悔晦”“圾级极吸”“递剃涕梯”“远园完玩顽”“伺饲祠词”“楼搂篓屡缕”“躁燥噪澡藻操臊”“菜彩踩睬”“俩辆”“浓脓”“慢漫蔓墁谩”“摸馍漠寞摹模膜慕暮募”“估咕沽姑固苦枯”“吗妈码”“把芭吧爸疤笆”“味妹魅昧”“抱饱胞雹泡炮袍跑刨”“搞镐稿膏篙蒿”“柏拍怕迫伯泊”“炒钞吵抄砂沙”“郊饺绞校较胶跤”“哦俄峨饿娥”“阁格胳客洛骆络路赂烙酪”“涌俑勇通痛桶捅”“浅钱践贱线”“签捡检剑俭险敛脸验”“机讥饥叽肌”等。这些声符的扩展字，按照等级分布，不但在中册教材中出现，部分还会在下册位于义符为纲的系列字中重复出现。在每一册中主要出现的扩展字都会选择黑色表示，而在另外两册中重复出现的则会选择其他颜色，让学习者既可以一目了然结识所有成员，在主要学习当下成员的同时，慢慢形成对同一系列汉字的区别特征的快速辨析。

中册的“书写”包括两方面的内容，一是指那些在成系列之外的记号字字形的摹写，如根据统计，属于“义＋记”的基础字共计 87 个，占基础总字数的 12.3%，相关“义＋记”扩展字共计 401 个。这部分汉字，因为记号部分与字音字义已经看不出任何关系，所以通过溯源等方法进行讲解反而会增加学习难度，而且因为脱离实际应用，即使暂时理解明白了，也会很快遗忘。所以，直接理解为“义符＋部件”更妥当，如“呢”“存”“妻”“娱”“怎”，在认读时强调整体认读，在书写时，直接对记号部分进行部件或笔画拆分，分块书写即可。二是对汉字所组词语、句子的摹写。下册的“书写”不同于中册，主要包括两部分内容，一部分是短文的阅读，另一部分是句子和短文的写作。其中短文阅读材料本着“以旧带新，相互成组”的原则，使用“认读”板块中的汉字进行相关材料的搜集和改编。如以下册中的“女——”为例：

李叔的爱人，也就是姚婶婶，说道：“嫉妒是女人的天性，在古时候，一位皇帝会有若干位妃子，她们表面上常常姊妹互称，看似友好，但实际上她们熟于勾心斗角、口是心非。”

这两册教材中的习题设计思路为“字形、字义字音、字词、语段”四个环节。中册以前三个环节为主，下册以后两个环节为主。基本内容示例如下：

1. 字形：以需要书写的基础字为对象

① 笔画、部件（见 6.1 表所示）

表 6.1 27 种笔画

序号	笔画	序号	笔画	序号	笔画	序号	笔画
1	㇐	8	㇆	15	㇄	22	㇁
2	㇑	9	㇙	16	㇈	23	⺄
3	㇒	10	㇚	17	㇍	24	㇋
4	㇔	11	㇟	18	㇛	25	㇌
5	㇕	12	㇇	19	㇖	26	㇡
6	㇏	13	㇊	20	㇉	27	㇅
7	㇗	14	㇜	21	㇀		

对于笔画、部件部分的练习，主要分为两部分，一是书写，即传统的描红摹写，二是围绕加深笔画、部件特征认知以及体会其分层组合能力的训练，如：

A. 给出独体字，给出笔画顺序，连线配对，然后摹写；

B. 给出形似或有镜像关系的笔画之一，补充完成另一个，并分别组字；

C. 给出形近部件，圈出包括的笔画；

D. 给出部件和部件变体，进行连线，并指出不同（一种是个别笔画不同，一种是形体发生变化），说说构意；

E. 给出部分笔画，组成相关部件；

F. 给出形近独体汉字，标出读音，指出笔画上的不同；

G. 给出形近合体汉字，标出读音，指出部件上的不同；

H. 给出部分部件，组成整字。

②结构

根据基础字结构的分析，列出主要结构表，独体字结构称为独体结构，合体字结构具体种类见 6.2 表所示。

表 6.2　合体字结构

结构	例字	结构	例字	结构	例字	结构	例字
⿰	休	⿳	京	⿺	进	⿷	—
⿱	安	⿹	司	⿵	问	⿴	围
⿲	哪	⿸	病	⿶	—	⿻	坐

注：“—”表示该结构在某一册教材中还未出现。

外部结构的练习直接目的是让学生熟知汉字的外部结构框架，主要目的是引导学生观察部件或字符的常在位置，如形声字的结构以“左形右声”“上形下声”“外形内声”为主，同时也要通过不同结构字让学生明白上述三种位置功能并非涵盖全部形声字。具体做法有：

A. 给出汉字，画出结构线；

B. 给出汉字和结构，进行配对连线；

C. 给出一个部件，完成结构图内的另一个部件，并说说字义；

D. 给出相同结构汉字，标出义符或声符；

E. 给出一个字符，列出不同结构图，填写完成汉字。

2. 字音、字义

中册教材中的形声字比较规则，且规律性强，因此此部分的练习，旨在引导学生在接触字符之后发现汉字的结构网，了解义符的区别作用以及声符的几种示音能力。到了下册继续此部分的内容，且部分所构字的规律并不整齐，因此此部分的练习，旨在引导学生熟悉义符的构字能力以及声符的不同示音能力，学会应用规则性强的字符，也注意警惕字符功能泛化的影响；培养汉字的正字能力。在中、下册教材中给出字符构字的坐标图，如下：

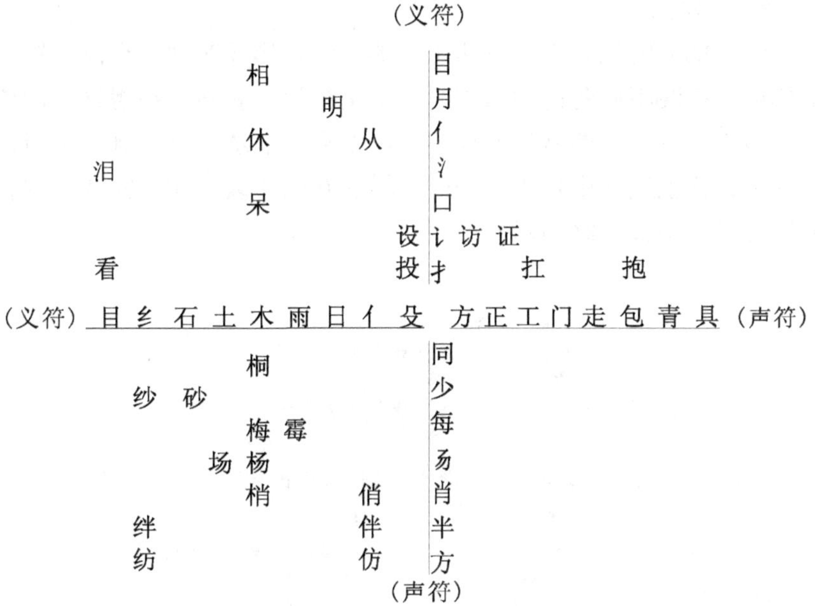

具体练习如下：

A. 给出一组义符，填出另一半（大部分是声符，也有少数义符）；

B. 给出一组声符（要包括声韵调全同、声韵全同、成系列读音三种，成系列读音的最好用符号标记出来），填出另一半（主要是义符），然后标出汉字读音；

C. 给出一个声符、义符组合的坐标图，完成坐标图内的组合，观察比较四个板块的汉字字数；

注：中册教材中 A、B、C 三项所练习的汉字尽可能包括不同结构不同等级，三个练习互相补充。

D. 根据学过的声符和义符，给出一组含有相同声符不同义符的汉字以及汉字释义，然后填写完成句子；

E. 给出一个手机或电脑打字界面，根据拼音和语句选择汉字。

注：DE 两项练习的汉字可以是没有出现、没有学过的汉字，但其包含的义符、声符已经接触过，然后学生只需要根据义符学会区别推断字义范围即可。手机和电脑的模拟方式，也有助于解决学生在“打字”时常常面临的同音字的辨析选择问题。

3. 字与词

这一部分的练习主要有两个目的，一是形成对同一个汉字符号形体可以扮演不同角色的认识；二是引导学生观察字在组词中的位置，逐步了解汉语的常见构词模式。但需要注意的是，到了下册，在继续强化上述两个目的的同时，增加新闻阅读、句子完成等综合应用练习。字词网络图示例：

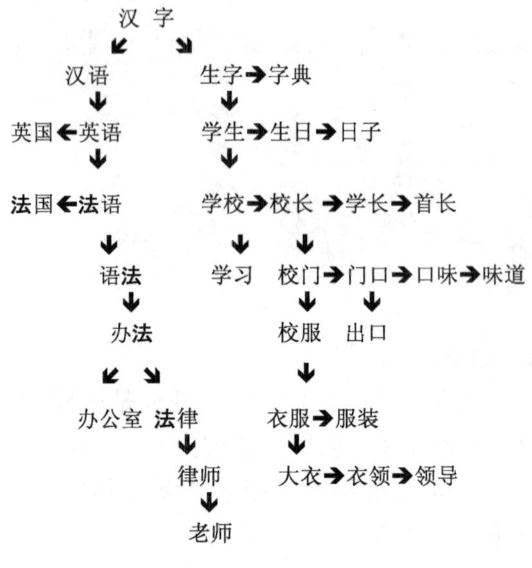

具体练习如下：

A. 给出一组字符、字、词，找出多身份的汉字符号，并描出不同颜色；

B. 给出某个字符，学生写出相关所构字，并说说外部结构和内部结构；

C. 给出一组词语，学生说说词义与其中的字义；

D. 给出较为复杂的字词网络图，学生填写其中个别空格部分，完成网络图；

E. 给出一两个核心汉字，学生可结合其他教学中所学尽量由此展开绘制汉字树，在上册时，如果想到的某个词或汉字还未学过不会书写，可以标写拼音。

F. 给出一组字，分别给每个字组词（老师可以根据学生实际水平和引导需要给出拼音提示，因为学生有时自行组词往往会挑选最常用或最简单的，部分义项不能得到体现），观察说说这些字在组词时常在的位置以及都具有哪些义项；

下册教材以学生自主完成为主，关注字词方面的应用练习，丰富语段练习，较之中册新增的练习内容主要有。

1. 字形结构，给出结构层次图，学生按照示例继续书写，如下：

寸		
	付	
		府
宀		
……		

给出多个部件，汉字结构图（上中下、左中右等）以及词语（指标写拼音），学生根据拼音进行部件构字。这个题的目的是强化学生对记号字的部件记忆和组词应用。

2. 语段

A. 根据拼音或老师口述，在规定时间内，完成短信或邮件内容；

B. 给出几个词语，写作完成简短小文。

3. 汉字话题发表

举例说说义符构字情况；

举例说说声符构字情况；

举例说明一两个多功能字符的功能分布情况。

“扩展”的目的，一是为了两册教材在内容体例上有所衔接，自学时有所参考。二是希望增加教材的趣味，补充与汉字相关的文化和可利用资料。扩展的内容如下：

//想一想、连一连//

女像一个敛手跪着的女人形	跟女性有关的称谓、事		嫁、婚、姻、嫉妒、奸、妨、妖、娩
	女性特有的心理、行为特征及对其的认识		妈、奶、妹、姑、姐、姓、妇、娃、姥、她
	跟女子容貌、身姿有关		妙、娇、姿、姚、娜、娟、嫩

人（亻），像侧面站立的人形	与人相关的称谓、分工等		仁、信、傻、俏、佳、俐、俊
	与人相关的性状、位置		仆、你、伯、伺、侍、侄、仙、代、佣
	由人发出的相关动作		仅、亿、仍、但、何、例
	现在常用义与“人”义无关		依、倚、仗、伸、偎、倦、倔、偷、借、仰、侧

//读一读//

b / p：　bō pó bǔ pū pú pǔ
波—婆；卜—扑仆朴

s / sh：　sì shì shì shī chí
寺—恃侍诗持

z / c：　cì zī zī zī zé cè cè cè
次—咨姿资；则—厕侧测

zh / ch：　zhū chǔ
诸—储

//汉字家族//

“女”　甲骨文　金文　小篆　楷体

据统计，现代常用汉字中含有部件“女”的共计71字，这些字中“女”起表义作用的占86%，其大致有三类：一类是赞美，有美女、女子姿容、姓氏（人类曾经经历的母系社会中女性居于重要地位，因此，当时出现的姓氏，大多都是女旁），如“姝”“娥”“媛”“娑”“婧”“姜”等，此类字会经常出现在现代女性的姓名当中；第二类含贬义，如“妓”先指妓女艺人，后指娼妓，“奴婢”指女仆，再如“妨”字，阻碍的意思，指在男权社会中，女子会阻碍事情的发展；第三类是女性所特有的行为特征，如“嫁”“娶”，以及对女性的称呼用字，正如我们今天学到的“妈”“妹”“姐”“姑”等。

//结构家族//

			表义	表音
［人］（亻）			仁仆仗代仙们仪佳侍供使侠侄傲偎	认
	以			似
	［今］			吟贪含
		令		伶邻拎岭玲铃聆领羚零龄
	化		讹	华花
		华		桦哗
	付			附咐府符
	伏			茯袱
	任		凭	

续表

			表义	表音
	伐			阀筏
	保			褒堡
	侯			猴喉
	代			袋贷
	从			丛耸纵
	介			界阶芥
	何			荷
	会			绘

参考文献

1. 陈原．现代汉语用字信息分析[M]．上海：上海教育出版社，1993.

2. 苏立群．汉字图解学习手册[M]．北京：商务印书馆，2014.

3. 高家莺，范可育，费锦昌．现代汉字学[M]．北京：高等教育出版社，1993.

4. 胡文华．汉字与对外汉字教学[M]．上海：学林出版社，2008.

5. 孔祥卿，史建伟．走进美丽的汉字世界[M]．天津：南开大学出版社，2013.

6. 孔祥卿，史建伟，孙易．汉字学通论[M]．北京：北京大学出版社，2006.

7. 李大遂．简明实用汉字学[M]．北京：北京大学出版社，1993.

8. 李国英．小篆形声字研究[M]．北京：北京师范大学出版社，1996.

9. 李乐毅．汉字演变500例[M]．北京：北京语言大学出版社，2014.

10. 李香平．汉字教学中的文字学[M]．北京：语文出版社，2006.

11. 李香平．汉字理论与应用[M]．广州：暨南大学出版社，2012.

12. 李运富．汉字构形原理与中小学汉字教学[M]．吉林：长春出版社，2001.

13. 李运富．汉字学新论[M]．北京：北京师范大学出版社，2012.

14. 彭聃龄．汉语认知研究[M]．北京：北京师范大学出版社，2006.

15. 苏培成．二十世纪的现代汉字研究[M]．太原：书海出版社，2001.

16. 苏培成. 现代汉字学纲要[M]. 北京：北京大学出版社，1994.

17. 孙德金. 对外汉字教学研究[M]. 北京：商务印书馆，2006.

18. 王宁. 汉字构形学讲座[M]. 上海：上海教育出版社，2002.

19. 王秀荣. 国际汉语汉字与汉字教学[M]. 北京：高等教育出版社，2013.

20. 万业馨. 应用汉字学概要[M]. 北京：商务印书馆，2012.

21. 周健. 汉字教学理论与方法[M]. 北京：北京大学出版社，2007.

22. 张素凤. 汉字结构演变史[M]. 上海：上海古籍出版社，2012.

23. 邹晓丽. 基础汉字形义释源[M]. 北京：中华书局，2007.

24. 卞觉非. 汉字教学：教什么?怎么教? [J]. 语言文字应用，1999（1）：72-77.

25. 白乐桑. 法国汉语教学的现状教学标准学科建设[J]. 孔子学院，2013，5（3）：45-49

26. 陈传锋，黄希庭. 结构对称汉字视觉识别特点的实验研究[J]. 心理学报，1999，31（2）：154-161.

27. 陈慧. 外国学生识别形声字错误类型小析[J]. 语言教学与研究，2001（2）：18-22.

28. 陈璐. 基于演化原型框架的汉字教学设计及其效果研究[D]. 上海：华东师范大学，2012.

29. 陈仁凤，陈阿宝. 一千高频度汉字的解析及教学构想[J]. 语言文字应用，1998（1）：47-51.

30. 陈燕. 汉字部首法取部位置的研究[J]. 语言文字应用，2006（3）：49-56.

31. 蔡永贵. 汉字字族研究[D]. 福州：福建师范大学，2009.

32. 陈曦. 关于汉字教学法研究的思考与探索——兼论利用汉字“字族理论”进行汉字教学[J]. 心理学报，2011，43（7）：749-762.

33. 董小玉，陈传峰. 汉字的结构对称特点及其识别加工机制[J]. 语言教学与研究，2003（4）：58-63.

34. 冯丽萍. 非汉字背景留学生汉字形音识别的影响因素

[J]．汉字文化，2002（3）：47-49.

35. 冯丽萍，卢华岩，徐彩华. 部件位置信息在留学生汉字加工中的作用[J]．世界汉语教学，2005（3）：66-72.

36. 顾安达，江新，万业馨. 汉字的认知与教学：西方学习者汉字认知国际研讨会论文集[C]. 北京：北京语言大学出版社，2007.

37. 高立群. 外国留学生规则字偏误分析——基于中介语语料库的研究[J]．语言教学与研究，2001（5）：55-62.

38. 郭玲. 汉字构形阐释与对外汉字教学策略探讨[D]. 合肥：安徽大学，2012.

39. 郝美玲，范慧琴. 部件特征与结构类型对留学生汉字书写的影响[J]．语言教学与研究，2008（5）：24-31.

40. 黄德宽. 汉字构形方式的动态分析[J]．安徽大学学报，2003，27（4）：1-8.

41. 江新. 外国学生形声字表音线索意识的实验研究[J]．世界汉语教学，2001（2）：68-74.

42. 江新，赵果. 初级阶段外国留学生汉字学习策略的调查研究[J]．语言教学与研究，2001（4）：10-17.

43. 江新，柳燕梅. 拼音文字背景的外国学生汉字书写错误研究[J]．世界汉语教学，2004（1）：60-70.

44. 江新. 汉字频率和构词数对非汉字圈学生汉字学习的影响[J]．心理学报，2006，38（4）：489-496.

45. 江新“认写分流、多认少写”汉字教学方法的实验研究[J]. 世界汉语教学，2007（2）：91-97.

46. 金善娥，辛承姬. 形声字声旁家族的一致性与对外汉语教学[J]．汉语学报，2015（3）：19-30.

47. 柯传仁，沈禾玲. 回顾与展望：美国汉语教学理论研究评述[J]．语言教学与研究，2003（3）：1-17.

48. 孔祥卿. 汉字部件规范与部件拆分[J]. 兰州学刊，2013（1）：66-71.

49. 李大遂. 中高级汉字课教学新模式实验报告[J]．语言文字应用，2011（3）：118-125.

50. 李大遂. 汉字的系统性与汉字认知[J]. 华文教学与研究，2006（1）：13-21.

51. 李大遂. 常用汉字义系字族表[A]. 国际汉语教学讨论会论文选[C]. 北京：北京大学出版社，2002.

52. 李泉. 关于“汉字难学”问题的思考[J]. 语言教学与研究，2010（2）：31-38.

53 李燕，康加深，魏励等. 现代汉语形声字研究[J]. 语言文字应用，1992（1）：74-83.

54. 李运富. 汉字结构演变研究的新成果——评张素凤《汉字结构演变史》[J]. 古汉语研究，2012（4）：91-94.

55. 刘丽萍. 笔画数与结构方式对留学生汉字学习的影响[J]. 语言教学与研究，2008（1）：89-96.

56. 刘靖年. 汉字结构研究[D]. 长春：吉林大学，2011.

57. 孟繁杰，李炎. 基础阶段对外汉语教材的汉字选择[J]. 国际汉语学报，2010.

58. 潘先军. 形旁表意功能在留学生汉字学习中的负迁移及对策[J]. 汉字文化，2002（3）：49-52.

59. 苏培成. 现代汉字的构字法[J]. 语言文字应用，1994（4）：113-117.

60. 石定果，万业馨. 关于汉字教学的调查报告[J]. 语言教学与研究，1998（1）：36-48.

61. 施正宇. 现代形声字表义功能分析[J]. 语言文字应用，1992（4）：76-83.

62. 施正宇. 现代形声字形符意义的分析[J]. 语言教学与研究，1994（4）：83-102.

63. 施正宇. 词·语素·汉字教学初探[J]. 世界汉语教学，2008（2）：109-118.

64. 施正宇. 60 年对外汉字教学研究之研究（上）[J]. 云南师范大学学报（对外汉语教学与研究版），2015（1）：12-22.

65. 王汉卫. 现代汉字笔画系统的简化、排序及命名[J]. 语言文字应用，2015（1）：19-26.

66. 王宁. 汉字构形理据与现代汉字部件拆分[J]. 语文建设，1997（3）：4-9.

67. 王骏. 留学生汉字习得的相关因素研究[J]. 语言教学与研究，2009（1）：9-16.

68. 万业馨. 汉字与汉字教学研究论文集[C]. 北京：北京语言大学出版社，2012.

69. 邢红兵.《(汉语水平）汉字等级大纲》汉字部件统计分析[J]. 世界汉语教学，2005（2）：49-55.

70. 喻柏林. 汉字字形知觉的整合性对部件认知的影响[J]. 心理科学，1998（4）：306-309.

71. 尤浩杰. 笔画数、部件数和拓扑结构类型对非汉字文化圈学习者汉字掌握的影响[J]. 世界汉语教学，2003（2）：72-81.

72. 张晓明. 二十世纪汉字字形结构研究[J]. 语言教学与研究，2004（5）：75-80.

73. 赵金铭. 现代汉语词中字义的析出与教学[J]. 世界汉语教学，2012（3）：379-389.

74. 张熙昌. 论形声字声旁在汉字教学中的作用[J]. 语言教学与研究，2007（2）：21-28

75. 周翔. 浅析汉字义符过程中的认知模式[J]. 语文建设，2014（2）：56-57.

76. 周健，刘圣心. 对外汉语教学《基础汉字表》研究[J]. 云南师范大学学报（对外汉语教学与研究版），2007，5（6）：16-21.